Fabio Benites
Gustavo Bertoche

A Academia de Leonardo

Lições sobre Filosofia

EDITORA CIÊNCIA MODERNA

A Academia de Leonardo - Lições sobre Filosofia

Editor: Paulo André P. Marques
Produção Editorial: Aline Vieira Marques
Assistente Editorial: Lorena Fernandes
Capa: Daniel Jara
Diagramação: Carlos Arthur Candal
Copidesque: Lorena Fernandes

FICHA CATALOGRÁFICA

TEIXEIRA, Fabio Roberto Benites. GUIMARÃES, Gustavo Bertoche.

A Academia de Leonardo - Lições sobre Filosofia

Rio de Janeiro: Editora Ciência Moderna Ltda., 2013.

1. Filosofia.
I — Título

ISBN: 978-85-399-0403-7 CDD 100

Editora Ciência Moderna Ltda.
R. Alice Figueiredo, 46 – Riachuelo
Rio de Janeiro, RJ – Brasil CEP: 20.950-150
Tel: (21) 2201-6662/ Fax: (21) 2201-6896
E-MAIL: LCM@LCM.COM.BR
WWW.LCM.COM.BR

04/13

A todas as pessoas que, de alguma forma,
me ensinaram ou me motivaram a
a aprender mais sobre Filosofia, desde
O Mundo de Sofia, presenteado pelo padrinho Tadeu,
até as aulas da Tânia e do Gustavo.

Prefácio

"Fabio foi meu aluno."

Esta sentença, sintaticamente, designa sujeito e predicado unidos por um verbo de ligação. O sujeito é Fabio, mas o predicado é a ligação a mim - meu aluno. Sendo este, um então predicado meu, Fabio se faz uma referência da minha identidade. Por isso, escrever este prefácio é, para mim, uma das benesses preciosas da profissão que escolhi.

Academia de Leonardo, coletânea dirigida aos jovens, agora pontuada em Lições de Filosofia, mescla em um espírito que tangencia a perfeição geométrica, o encaixe ficção-filosofia. Dobrando e interpenetrando uma na outra, os autores quebram talvez a maior rigidez humana, fincada na linha sucessória do tempo, com o sempre abandono do já vivido.

A quebra desta rigidez repõe e reinaugura não somente as ideias filosóficas, mas traz para as almas jovens, como a de Leonardo, a certeza de que no presente, no exato agora, nas suas vidas, nas suas dores ou aflições, está aí contraído um sentido pleno que se oferece, lentamente, a qualquer homem, para ser desvelado.

Esta é a artimanha mágica dos autores. Passeiam, como em saltos históricos, pelos pensamentos dos filósofos em consonância aos sentimentos, desejos e angústias do Leonardo que, aí se mirando, faz destas teorias, não teorias longínquas da sua vida, mas contrapontos que elucidam e permitem-no compreender e praticar em si, mudanças críticas em torno dos valores humanos.

Estes encontros de Leonardo, a que os gregos denominavam catarse, prática de expiação, purificação e reencontro consigo mesmo, querem em muito se multiplicar, fazendo deste presente livro o prolongamento dos ideais de seus autores que, corajosamente, propõem lições de filosofia, num tempo onde os prazeres espetaculares da materialidade objetiva lutam para asfixiar as subjetividades.

"Lições de Filosofia", ministradas por Fred, o mentor da história, ou por Fabio ou por Gustavo, são medidas de um voltar-se para si que, na flexão de uma dobra para a interioridade, articulam a prática externa da vida dos jovens com o justo pensar sobre ela. São estas, efetivamente, lições de filosofia.

Tânia Marinho

Sumário

A Academia...

O título do livro é uma homenagem e uma referência à Academia de Atenas, fundada por Platão, em 387 aC.

Homenagem por se tratar de um marco na história da educação mundial. Referência, pois algumas situações vivenciadas pelo protagonista têm características comuns com as experiências vividas pelos membros da Academia de Platão. Considerada a primeira escola de Filosofia, os membros produziam o conhecimento e não simplesmente recebiam as informações prontas. O processo de aprendizagem primava pela busca individual e pela dialética, debate permanente entre os membros, que utilizavam o método socrático, de constante questionamento.

Dessa forma, a presente obra tem por objetivo informar e incentivar a busca pelo conhecimento, além de desenvolver no leitor uma maior capacidade de análise e reflexão, facilitando seu caminho na busca do maior objetivo de todo ser humano, a felicidade.

... de Leonardo

CAPÍTULO 01

Leo acorda assustado depois de mais um pesadelo que parecia uma premonição. Senta-se à beira da cama e busca relembrar o terrível sonho. Consegue rememorar[1] que havia peixes e pássaros mortos, além de uma horrível mancha de óleo na lagoa, onde nadava. E o pior é que a lagoa parecia a do sítio do tio de Helena, onde ele está passando o final de suas férias. Isto tornou o sonho ainda mais real.

Levanta-se e caminha até o banheiro. Enquanto escova os dentes, busca avaliar se foi só um pesadelo ou poderia ser uma espécie de vidência, já que não seria a primeira vez. Ele sonhara com uma namorada loira no último ano, pouco antes de conhecer Helena. Entretanto, agora, Leo torce para que os sonhos não sejam premonições, pois eles têm sido muito perturbadores. Antes da "lagoa negra", ele havia sonhado algumas vezes que estava brigando com Helena, e isto ele não quer de forma alguma.

Depois de sua "visita" ao banheiro, dirige-se até a enorme varanda do casarão, onde sua sogra, Adalta, parece estar terminando seu café da manhã.

- Olá, sogrinha! – Ele cumprimenta.

- Olá, Leonardo, dormiu bem?

- Sim, senhora.

Leo decide que ainda não é o momento de falar sobre o pesadelo, apesar de sentir-se sempre confortável em conversar com Ada. Ele corta uma fatia grossa de queijo frescal a fim de saciar um pouco o estômago. Em seguida, enche sua xícara com café e leite e, enquanto prepara seu pão, ataca furiosamente uma maçã.

- Que fome, hein, menino – Adalta comenta, mas sem demonstrar juízo.

- Pois é... não sei o que me deu... estou com uma fome sinistra... – o garoto responde de boca cheia, parecendo muito ansioso para acabar com a sua fome.

- Nunca te vi acordar tão elétrico assim. É o fim das férias? – a sogra relembra que é o último final de semana de férias.

- Não sei... talvez esse nervosismo tenha a ver com o meu sonho, quer dizer pesadelo – ele muda de ideia e cita o episódio para a sogra.

1 rememorar – relembrar

- Você teve um pesadelo, foi? Que chato! Você quer me contar?

Leo concorda em contar por dois motivos: primeiro, ele realmente sente-se à vontade em conversar com a compreensiva Ada; segundo, é bacana abrir-se com a sogra, pois ele pode "vender o seu peixe", isto é, demonstrar que é um bom garoto, um bom "partido" para Helena.

- Tudo bem, sogrinha. Na verdade, tenho tido sonhos bizarros.

- É mesmo? De que tipo?

- Do tipo de ficar boladão!

- Fale mais, com esta descrição[2] não dá para entender.

- Nos últimos dias, sonhei que eu e Helena brigávamos muito e até terminávamos.

- Poxa, que triste!

- E ontem, eu sonhei que eu e Lena nadávamos, na lagoa do sítio...

Ada dá uma tossida, como se dissesse "como assim? Explique-se melhor".

- Calma, calma, tia Ada. Só estávamos nadando, nada demais.

A sogra sinaliza com um "tudo bem, pode continuar".

- Então, como eu disse, nadávamos, apostávamos corrida e, quando chegamos a uma margem, percebemos que havia zilhões de peixes mortos...

- Zilhões?

- Quero dizer muitos. Não sei a quantidade exata. E a água da lagoa estava poluída, tinha uma mancha superesquisita.

- Sei...

- No final, eu vi até um pássaro morto.

- Nossa! Deve ter sido realmente assustador. Agora eu entendo sua fome. Você deve ter ficado com medo de uma crise geral acabar com a comida, não é?

- Hahahaha... – os dois riem. - Na verdade eu nem pensei nisso... Eu acho que fiquei um pouco ansioso e por isso estou com tanta fome.

- Tudo bem... Você costuma sonhar muito ou foi só esta semana?

Ada tenta se aproximar para tranquilizar o genro. Ele responde que sim e conta um pouco de seu histórico, inclusive do sonho que precedeu o encontro com Helena.

- Aaahhhh... entendo um pouco mais porque você ficou tão nervoso.

- Sonho também com outras besteiras. Nem tudo acontece.

- Sei... Você quer uma sugestão?

Leo, de boca cheia, concorda gesticulando com a cabeça.

- Tente ver o sonho pelo lado positivo.

---

2 descrição – expor com detalhes

- *Pelo lado positivo? Tá de sacanagem, sogrinha? Eu só me ferrei nesses sonhos!* – Leo tem um pensamento grosseiro, mas dá uma resposta educada:

- Como posso ver um pesadelo como esse pelo lado positivo? – Com cara de que não entendeu nada.

- Não acredito que a lagoa do Tô de folga será contaminada como você relatou no sonho. Aqui nos arredores, temos somente pequenos proprietários utilizando métodos tradicionais de plantio, nem fertilizantes químicos eles usam. De tal forma que fica difícil poluir a lagoa com óleo ou algo parecido. Talvez a poluição da lagoa seja uma metáfora[3]. Talvez seja um problema ou um desafio que você terá pela frente.

A última frase despertou todo o interesse de Leonardo. Mexe com qualquer pessoa ouvir que o sonho foi uma metáfora de um desafio pela frente.

- Mas que tipo de desafio?

O garoto pergunta com medo. Se a sogra estiver certa, os sonhos de brigas com Helena podem ser prévias de turbulências na vida do casal.

- Isso eu não sei. Estou apenas levantando uma hipótese. Sugiro que vocês prestem atenção nos sinais. Quais foram as questões-chave do sonho?

Leo para um pouco a fim de pensar. Ele é novato nessa história de decodificar sonhos. Ada resolve ajudar:

- Não é complicado. Comece pelo óbvio. Quem estava presente no sonho?

- Eu e Helena.

- O que ela representa para você?

- Ela é minha maior paixão.

- Qual era o contexto do sonho?

- Estávamos na lagoa nadando.

- O que é a lagoa para você?

- Eu adoro a lagoa. Sinto-me em contato com a natureza.

- E os peixes?

- Não sei... Talvez signifiquem vida.

- Então... – ela sugere que ele complete o raciocínio.

- Acho que pode haver alguma agressão contra o meio ambiente, contra a vida ou contra o nosso relacionamento.

- É uma hipótese. Agora não fique preocupado. Falei isso tudo para você ficar esperto, pois desafios poderão surgir.

---

3 metáfora – comparação lúdica não direta

Leo levanta-se em um só pulo, soltando a caneca e o pão pela metade sobre a mesa. Ada o segura pelo braço.

- Aquiete-se, Leonardo. Helena está bem, posso te garantir.

- Tudo bem. Estou de boa, sogrinha.

- Posso acreditar em você?

Ada fala com uma voz mansa, tentando "amaciar" o garoto.

- Pode sim. Só queria dar um pulo até a lagoa.

- Tudo bem. Chame Helena e caminhem até lá. Verá que estará tudo bem.

Leo dá uma resposta tranquila, mas por dentro fica muito bolado. Enquanto procura Helena, ele analisa:

- *Que droga! Levei um tempão para conquistá-la. Estou superfeliz e agora terei mais "desafios"! Ninguém merece.*

Felizmente, ele encontra Helena de excelente humor e a lagoa limpa. Entretanto, Ada estava certa de que o sonho representava desafios pela frente.

* * *

Introdução

CAPÍTULO 02

No mesmo dia do sonho sinistro, à noite, Leo conheceu o tio de Helena, Nilton. Ele chegou com sua mais nova namorada, Mayumi, além do pai de Helena, Charles. A família jantou uma comidinha caseira preparada por Ada, e Leo teve a oportunidade de saber um pouco mais sobre a história de Nilton. Depois de uma criança bagunceira e um jovem batalhador, ele tinha se tornado um adulto bem-sucedido no ramo da publicidade, sendo proprietário de diversos escritórios espalhados pelo país e um na Argentina.

O espírito empreendedor-conquistador de Nilton sempre provocou desavenças na família. Charles nunca aprovou as práticas empresariais agressivas do irmão, além do fato de considerar inaceitável que uma empresa de *marketing* divulgue um produto sem se preocupar se será benéfico para as pessoas. O pai de Helena sempre considerou que todos devem ter atitudes responsáveis frente à comunidade, portanto a forma como o bem é produzido e as consequências de seu uso devem ser apurados, por exemplo. Essas diferenças entre os irmãos sempre geraram debates acalorados[4], que muitas vezes acabaram em brigas. Apesar disso, os dois se adoram e se respeitam.

No dia seguinte, a trupe acordou cedinho para um passeio proposto por Nilton. Ele convidou todos para um pequeno *rally* pelas terras a bordo de sua *pick-up* quatro por quatro. Todos concordaram, com exceção de Ada, que preferiu ficar lendo um romance. Helena e Leonardo eram pura empolgação. Charles topou, pois sempre gostou de acompanhar o estado da vegetação e do solo locais. Mayumi também foi, apesar de não ser muito fã de aventuras, porque não queria parecer "chatinha", cheia de frescura, no primeiro contato com a família do namorado.

- E aí, rapaziada? Estão todos prontos? – Nilton pergunta logo depois de terminar o último gole de seu café.

- SIMMMM – respondem Helena e Leo em uníssono[5].

- Tudo pronto, meu amor? – Nilton pergunta a Mayumi.

A nissei concorda com a cabeça, enquanto termina de comer seu pão às pressas.

---

4 acalorados - intensos

5 uníssono – a uma só voz

- Charles? – Nilton chama o irmão, como se perguntasse se ele também já estava pronto.

- Posso terminar de tomar o meu café com leite? – responde em tom de "para que essa pressa toda?".

- Pode. Podemos esperar não é, gente? Estamos aguardando lá na garagem. Quero mostrar os detalhes do meu carro novo para as crianças.

Charles concorda, enquanto toma seu pingado[6] lentamente. A "empolgação" do pai de Helena era capaz de desanimar uma festa de casamento dos noivos mais apaixonados do mundo. Porém, seu mau humor não contagiou Nilton ou as "crianças", que correram para ver a nova *pick-up.*

Na garagem, Nilton apresentou o carro, como se fosse o vendedor, pois conhecia todos os detalhes. Para Leo falou sobre o *design* contemporâneo, conforto, conectividade via *bluetooth* e a potência do motor. Helena, mais preocupada com segurança, ouviu sobre tração, colunas anti-impacto e *airbags*. Leonardo, que também adorava carros, estava completamente seduzido pelo papo do publicitário.

- Quando você comprou esse, tio Nilton? – perguntou o garoto.

- Há umas três semanas.

- Dá para ver. Cheiro de carro novo é cheiro de carro novo.

- E vice-versa... hahahahaha...

Os dois riem. Leo completa:

- Não tem preço! – Leo, empolgadíssimo com a caminhonete, nem percebe o olhar de reprovação da namorada.

- Não tem mil quilômetros rodados... mas eu já estou pensando no próximo.

Todos, inclusive Mayumi, ficam assustados com a frase de Nilton, que rapidamente explica o porquê.

- Gente, são os objetivos que nos empurram para frente. Se ficarmos parados, morremos. Precisamos sempre renovar nossos sonhos e metas. No mesmo dia em que eu comprei esse carro, eu saí para comemorar. No dia seguinte, eu acordei e já imaginei qual seria o próximo.

- E qual será? – pergunta o fofoqueiro Leonardo.

- Uma *Hummer.*

- Uaaaauuuuu!!!

O garoto vibra. Uma *Hummer* sempre foi o sonho automotivo do garoto. Era o carrinho que ele mais gostava, de sua coleção de miniaturas.

- É o meu sonho também, tio Nilton.

---

6 pingado – café com leite

- Que coincidência, não? Quem sabe, quando eu comprar, possamos fazer uma viagem pelo Nordeste juntos... Para isso você precisa tratar muito bem a minha sobrinha.

Leo dirige-se para dar um abraço e beijo em Helena, que responde mostrando os punhos, em um sinal de que não gostou da brincadeira. Nilton e Mayumi riem, e no mesmo instante Charles chega.

- Foi bom o papo, mas melhor ainda será o passeio. Vambora?! – Nilton decreta o início do *rally*.

* * *

O passeio foi marcado por comportamentos peculiares[7] de cada um. Nilton falava e mostrava a cada momento o que sua *pick-up* podia fazer. Leonardo puxava o saco e valorizava tudo o que era dito por Nilton. Charles sinalizava em alguns momentos a beleza e em outros os maus tratos com a natureza. Helena concordava com tudo que seu pai dizia e mandava Leo parar de bajular seu tio. Mayumi tentava demonstrar que estava feliz com tudo e com todos.

- Sentiu a retomada, Leo? – Nilton pergunta a Leo se ele tinha percebido a potência do carro na aceleração.

A caminhonete voava a quase cem quilômetros por hora pela estradinha de terra. O quinteto no carro sentia-se em uma verdadeira corrida. Nilton dirigia com seu irmão ao seu lado. Junto Leo e Helena no banco de trás, Mayumi, avessa a fortes emoções, reza para que a trilha termine o quanto antes.

- Senti sim. Ele é realmente muito forte – o garoto responde.

- São quase duzentos e quarenta cavalos. Viva à tecnologia! – Nilton comemora.

- Curtam enquanto podem. Essa festa está acabando – amedronta Charles.

- Lá vem você de novo com essa história do pico do petróleo... – Nilton tenta desvalorizar a fala de seu irmão.

- Como assim, pai? Que pico é esse? – Helena pergunta.

- Esse carro é movido a diesel, que é um derivado do petróleo. Sem ele não teríamos motores tão potentes, capazes de fazer coisas fantásticas, como este que estamos presenciando. A capacidade de produzir energia a partir dele é impressionante. Acontece que sempre tivemos a impressão de que esse recurso natural seria infinito, por isso seu valor bruto sempre foi muito baixo, e nunca tivemos a atitude responsável de poupar.

---

7 peculiares – específicos

- Poupar o quê? – Leo pergunta demonstrando estar alienado[8] sobre o assunto.

- Poupar energia. Diesel e todos os combustíveis são energia. Combustíveis fósseis, como o petróleo, sempre foram tão baratos que não nos preocupamos com gasto e desperdício. Alguns cientistas acreditam que ainda nesse século iremos esgotar as reservas de petróleo, por isso seria ainda mais responsável economizar. Muitas vezes não percebemos que estamos despreocupados com isso. Por exemplo, carros, como esse, são verdadeiros "beberrões" de combustível. Quero dizer eles gastam muito. Estou certo, irmão?

Nilton apenas confirma.

- É isso mesmo.

Helena fica sem entender, pois achou que o tio discordaria:

- Mas, tio, se você sabe que esse carro consome tanto combustível, por que o comprou mesmo assim?

É a brecha ideal para ele contra-argumentar:

- Nós teríamos a possibilidade desse enduro se estivéssemos em um carro popular? Sem ofensas, mano – Nilton explica e pede desculpas a Charles, que tem um carro um ponto zero.

- Não está me ofendendo. Cada um deve agir de acordo com a sua consciência. Eu tenho a minha e faço escolhas de acordo com ela. Pode continuar sua explicação.

- Então, como eu estava dizendo, a humanidade desenvolveu tecnologias para curtirmos momentos como este. Lutei muito para chegar até aqui. Não pedi esse carro para ninguém, comprei com meu dinheiro suado. Enquanto alguns estavam na praia, eu estava "ralando" para conquistar estabilidade financeira e liberdade de escolha. Assim, posso escolher comprar uma *pick-up* superpotente, enquanto outros nem têm carro. Depois de trabalhar tanto, será que eu não mereço curtir este momento com as pessoas que eu amo?

Todos ficam em silêncio, reconhecendo que Nilton tinha razão no que estava dizendo.

- Mas é um exagero, Niltinho – argumenta Charles. – É um exagero de carro, de consumo, de desperdício, em uma sociedade em que MUITOS estão passando fome.

- Sim, é verdade, muitos estão passando necessidades. Mas eu não tenho culpa. Pago meus impostos corretamente, gero empregos com minhas empresas e faço

---

8 alienado – desligado dos problemas sociais

doações filantrópicas[9]. Ajudo muito a mudar as coisas, mas não vou parar de curtir a minha vida por causa disso.

- Ok. Reconheço que você não é "O" culpado e que ajuda bastante os seus semelhantes. Porém, a forma como você conduz sua vida e suas empresas reforça as regras do jogo.

- De certa maneira é verdade. Mas as regras são claras. Estão aí para todo mundo ver. Eu aprendi a jogar e a vencer. É uma questão de vontade. Todos podem fazer isso.

- Não acho que todos podem fazer isso, mas não vou mais discutir com você sobre liberalismo[10]. E o consumo excessivo que pode acabar com os combustíveis fósseis e provocar impactos ambientais?

Nilton não se intimida e responde de bate-pronto:

- A concorrência e a competição promovem o desenvolvimento tecnológico. O sistema atual possibilitou o surgimento de bens, como esse carro, que tornaram nossa vida mais confortável. Não será diferente em relação à demanda energética e outras soluções, como reverter os impactos ambientais.

- Sua confiança no poder intelectual da humanidade é pura arrogância.

- É a sua opinião...

Nesse momento, instala-se um clima pesado no carro. Leonardo e Helena, sentados no banco de trás, estão cansados de olhar para um lado e para o outro, como se estivessem em uma partida de tênis. A discussão entre os irmãos está rendendo e eles praticamente esqueceram-se dos demais participantes do "passeio". Agora, Leonardo consegue ter uma ideia do que Helena tinha contado sobre a divergência entre os dois.

- ... Você pode até estar certo... – Nilton prossegue em seu discurso - Mas tenho mais argumentos que você. Afinal, a meu favor contam todos os avanços conquistados pela humanidade. Felizmente, hoje, não precisamos acordar todos os dias para caçar um animal para comer, como faziam nossos antepassados.

- É... você tem razão. Precisamos acordar mais cedo para apertar parafusos. Realmente, estamos muito melhor hoje em dia.

- Nem todos acordam mais cedo para apertar parafusos. Somente aqueles que não desenvolveram habilidades valorizadas pela sociedade. E quem determina isso, o que é valorizado ou não, somos todos nós.

- Eu não.

---

9 filantrópicas – caridosas, altruístas

10 liberalismo – doutrina que prega o livre-mercado e a livre-concorrência

- Você também. Não tenho culpa que sua maneira de pensar é minoria. Vivemos em uma democracia. Todos de forma votam e participam.

- Não vamos voltar a discutir sobre democracia. Você sabe o que penso sobre isso.

- Eu sei, mas as crianças não sabem que você é contra a democracia. Explique para elas o que seria uma ditadura da maioria.

- Não vou...

- CHEEEEEEGGGAA!!!

Um grito no banco de trás assusta todos dentro do carro.

- Não aguento mais essa discussão. Estou quase infartando de medo aqui. Nilton, pelo amor de Deus, preste atenção, pare de discutir e vá mais devagar.

Mayumi interrompe Charles dando o seu grito de liberdade. Seu corte foi tão grosseiro e surpreendente, que pesou o clima no carro e ninguém falou mais nada, até retornarem para a casa principal do Tô de folga. Depois que seu tio estacionou e todos saíram, Leo comentou baixinho com a namorada:

- Acho que a Mayumi também não gosta de democracia.

* * *

CAPÍTULO 03

Alexandre chega tranquilamente à sua empresa, um pouco atrasado para a reunião da diretoria. No último ano, ele, seu cunhado Carlos e o padrinho de Leonardo, Fernando, abriram uma escola profissionalizante. Deram o nome de "Escola Da Vinci", depois que seu sobrinho, Leonardo, contou diversas histórias sobre o gênio xará renascentista. Em um ano, a empresa cresceu quase 60% e eles estão prestes a ampliar as atividades. A reunião foi agendada exatamente para isto: debater a melhor forma de expansão.

Porém, Alexandre não está muito certo sobre isso e teme que o choque com os outros dois sócios seja inevitável. Ele adentra na sala de reuniões e é recebido com bronca pelo impaciente Carlos:

- Xandããããõooo... atrasado de novo!

- Desculpe, Carlos, pelo meu atraso de dez minutos.

- Não são os dez minutos. É a frequência com que isso acontece. Você sabe o que sentimos quando você faz isso?

- Vocês se sentem desrespeitados. Eu sei, pois já ouvi milhares de vezes.

- Se você ouviu milhares de vezes é porque chegou atrasado milhares de vezes.

- Você tem razão, Carlos. Desculpe novamente – Xandão se desculpa sucessivamente, misturando desânimo e tristeza.

- Está bem, gente. Vamos ao que interessa – comanda Fernando em sua postura equilibrada característica. – A principal pauta de hoje é sobre o nosso próximo passo em relação à expansão.

Xandão ergue o dedo como se pedisse a palavra:

- Sim, Alexandre, pode falar – permite Fernando, que lidera o encontro.

- Não quero ser chato... novamente... mas já ficou decidido que devemos expandir?

- Fernando, pegue a ata de nossa última reunião, por favor – Carlos responde demonstrando certa irritação, pelo retorno ao assunto já discutido.

- Não há necessidade, Carlos. Alexandre, nós já debatemos isso sim. Definimos que estamos prontos para esse passo. Vamos expandir e viemos aqui hoje tentar definir como fazer isso – pondera Fernando tentando por um fim no assunto.

- Está bem. Desculpem a minha observação. Eu realmente achava melhor investirmos mais na melhoria de nossos processos internos, especialmente em um melhor atendimento ao cliente. Mas não quero ser o chato, mais uma vez. Vamos em frente.

- Bem... nossas opções seriam: abrir uma filial ou franquiar[11].

- Pesquisando o mercado, concluí que a melhor opção seria o sistema de franquia – compartilha Carlos.

Xandão ergue o dedo novamente transmitindo uma calma, que contraria a forma agitada com que Carlos se expressava. Isso irritava ainda mais o pai de Leonardo. Os sócios dão a palavra, e Xandão fala:

- Não acho que estejamos prontos para franquiar. A "Escola Da Vinci" funciona razoavelmente bem hoje porque estamos aqui todos os dias. Tocamos o negócio de forma pessoal. Os funcionários nos conhecem e nos respeitam...

- Mas a vantagem da franquia é essa também. O dono fica à frente do negócio. Por isso eu acho a melhor opção – Carlos interrompe a exposição de Xandão em mais uma demonstração de ansiedade.

- Como eu estava dizendo, para franquiar precisamos dos processos acontecendo de forma mais padronizada e automática. Além disso, eles precisam estar "desenhados", ou seja, tudo que fazemos para o negócio acontecer com eficiência deve estar documentado, para que o franquiado possa seguir um passo a passo. Se franquiarmos sem isso, teremos diversas escolas profissionalizantes diferentes, com a "cara" de cada franquiado, uma verdadeira bagunça. Assim, contamos demais com a competência deles. É um risco grande.

- Eu discordo – responde Carlos.

Como era comum nas reuniões, os cunhados discordaram e Fernando terá que decidir. Na maioria das vezes, as ideias dele se aproximava das de Carlos. Os dois viam a empresa como negócio e buscavam fazer dinheiro, enquanto Xandão era mais romântico e preocupado com os detalhes. Entretanto, dessa vez, Fernando optará por um meio termo:

- Concordo com os dois. Acredito que o sistema de franquias será o nosso caminho, apesar de toda pessoalidade[12] que temos na empresa. Porém, concordo com o Xandão que não estamos prontos. Precisamos melhorar nossos processos e colocá-los no papel. Acredito que será rica a experiência de duplicar isso em uma outra filial. Assim, aprenderemos mais sobre treinar pessoal e fazer a empresa acontecer sem a nossa presença cotidiana.

- Então, você está propondo abrir uma filial e depois franquiar? – Carlos pergunta.

---

11 franquiar – abrir franquias, abrir novas unidades

12 pessoalidade – de forma individual, personificada

- Na verdade, seria abrir uma filial, aprender sobre tornar a empresa independente de nós e depois franquiar – Fernando explica.

- Ok. Com isso eu consigo sobreviver – concorda Carlos.

Imediatamente os dois se viraram para Xandão como se perguntassem "e aí?".

- Tudo bem... não quero ser o chato – concorda demonstrando um certo incômodo com a situação.

O trio debateu mais algum tempo sobre outras questões, como ponto, cronograma e distribuição de tarefas. Ao final, Carlos propõe:

- E aí, rapaziada? Temos que sair para comemorar!

- Vamos à churrascaria? – Fernando sugere.

- Uhu! – Carlos comemora, enquanto Xandão não se mostra animado.

- Poxa, vão vocês dois. Estou evitando carne.

- Deixe de ser vacilão. Tem salada lá – Carlos insiste, deixando claro que não guarda mágoa do cunhado por causa da diferença de opiniões.

- Eu sei, mas estou no início do processo e não posso cair em tentação.

- Tudo bem.

Fernando e Carlos respeitam a decisão do sócio, se cumprimentam e deixam a sala de reuniões. Xandão sai por último, vagarosamente, como é seu estilo. Sente-se um pouco mal por ter mentido. É fato que está evitando carne, mas o verdadeiro motivo é o seu desânimo com a situação da empresa. Ele está longe de um clima de comemoração.

* * *

CAPÍTULO 04

As férias terminaram e Leo voltou às aulas. Agora, no Ensino Médio, o garoto enfrentará disciplinas mais difíceis e deverá ter mais responsabilidade para lidar com as questões da adolescência, como escolha de profissão, sexo e drogas. No primeiro dia de aula, ele matou a saudade dos amigos, da escola e de alguns professores. Além disso, conheceu a professora nova de Biologia, Raquel. Ela pediu aos alunos, logo no primeiro dia, que pesquisassem o que era natureza.

Terminada a aula e depois de “deixar” Helena em casa, Leo chega a sua casa cansado e com fome de dezessete leões. Bate um belo prato de filé com fritas, feito por Déa, a secretária do lar dos Gantes, e mergulha em sua cama. A retomada da rotina de acordar cedo e colocar os neurônios para funcionar às sete horas da manhã não é fácil, e o garoto, que já é preguiçoso, sente esse peso. Após o almoço, ele dorme a tarde inteira.

Acorda por volta das cinco horas com uma lerdeza maior que de uma tartaruga fazendo corpo mole. Após cerca de meia hora zapeando a televisão do quarto sem encontrar nada “assistível”, ele se levanta e liga o computador. Vai à procura dos amigos em um *chat* a fim de colher opiniões sobre o primeiro dia de aula. Já *online* é recebido por seu melhor amigo.

- E aí, Leo! Estava dormindo? - Sid pergunta.

- Aham.

- Como sempre. Matou a tarde toda na cama, né?

- Matei não. Ganhei. É tão bom dormir. Aaahhhh!!! Agora, estou pronto para aproveitar o resto do dia.

- Não consigo entender como você consegue dormir tanto. Pelo menos sonhou com alguma coisa bacana?

Leo não lembra se sonhou de tarde, mas o papo o faz rememorar os sonhos no Tô de folga e resolve comentar com o amigo.

- Não, hoje não. Mas no sítio do tio da Helena tive uns sonhos bizarros.

- É mesmo? Contaí.

- Cara, foram vários, um pior que o outro. Vou te contar sobre o último, que foi o mais macabro. Resumidamente, sonhei que eu e Lena nadávamos na lagoa do sítio que estava superpoluída e havia zilhões de peixes mortos.

- Zilhões?

- É maneira de falar. Havia muitos peixes mortos e passarinhos também.

- Sei. Essa é mais uma de suas premonições? Lembra daquele sonho que você tinha tirado nove na prova de Ciências, há dois anos atrás... hahahahhaha – Sid debocha relembrando o episódio da prova de Ciências que frustrou o garoto.

- Pois é... fique zoando mesmo. Lembre que eu acabei tirando nove, depois.

- Um ano depois!

- Mas eu tirei.

- Tu tá zoando.

- Tô mesmo. Mas, esquecendo as brincadeiras, espero que seja uma premonição às avessas.

- Não fique bolado. Com certeza não tem nada a ver com a vida real.

- Assim eu espero. Não quero que nada de ruim aconteça conosco. Mudando de assunto... e a aula de hoje o que você achou?

- Qual parte?

- Tudo. O que achou?

- Primeiro a coisa que mais me chamou a atenção...

- Qual foi?

- Nenhuma gatinha na sala! Parecia festa *Halloween* antecipada...

- Hahahahhahah... Nem percebi. Já estou garantido.

- É isso aí. Isso se chama preocupar-se com os amigos!

- Foi mal. Fala sério, e as aulas?

- Achei legal terem mantido os professores de Matemática e História. Gosto deles.

- E a professora de Biologia?

- Gostei da Raquel. Achei meio radical, quando ela disse que não ensinaria nada, nós é que aprenderíamos. Mas ao mesmo tempo ela passou a maior firmeza, e senti que ela vai ser maneira. E você?

- Sei lá... se ela não vai nos ensinar por que ela recebe salário?

- Fato! Raciocínio interessante. Também não precisaríamos ir para a escola. Por que não pergunta para ela?

- Eu não. Vai que ela fica chateada e começa a me perseguir.

- Que isso, Leo! Sem paranoia. A professora foi superlegal.

- Também fiquei com essa impressão, mas não vou dar mole, as pessoas são estranhas.

- Tudo bem. Você que sabe. Agora... eu achei o trabalho irado.

- Qual trabalho?

- Camarada, você continua desligado, hein. Pesquisar sobre natureza.

- Aaaahhhhh... Siiiiimmmm... Lógico que eu me lembro.

- Sei. E o que você achou?

- Ah, moleza! Ctrl + C e Crtl + V!

- Cui-da-do! A professora pediu que não fizesse assim. Ela até pediu que déssemos uma definição própria.

- Vou pedir a Lena. O pai dela é biólogo, você sabe.

- Sei. E sei também que você pagará o maior mico com o sogrão se não buscar entender a parada de verdade.

- Quer saber? Esqueça isso. Ainda estou com sono, e é melhor não falarmos de trabalho de casa e pesquisas. Vamos ao que é importante. E o *weekend*? O que vamos fazer?

- Caramba! Hoje é segunda, ainda temos quatro dias de aula e você já está pensando no final de semana?

- Lógico. Isso é ter visão de futuro.

- Lá vem você se aproveitar dos conceitos de empreendedorismo para mandar mal. Não tem nada a ver com visão de futuro.

- É verdade. Mas eu gosto de falar assim, fica bonito. E é verdade que eu gosto de me planejar.

- Cara, vai estrear um filme bacana de espionagem.

- Que bom que você largou aqueles filmes toscos de zumbi.

- Ainda me amarro neles, mas meu gosto está ficando mais eclético.

- Ihhhh... palavra nova?

- É... eu estava com o dicionário para fazer o trabalho da Raquel.

- Nossa, Sid, você é muito *nerd*.

- O mundo é dos *nerds*!

- É você que está dizendo. Eu acho que o mundo é dos mais fortes.

- O que houve? Nunca te vi falando assim...

- Algum problema?

- Sei lá... Achei meio grosseiro. Quem te ensinou isso?

- Acho que é influência do Nilton, tio da Lena. Sid, você precisa conhecer ele. O cara é muito maneiro, tem uma *pick-up* maneiríssima, o sítio é incrível e um monte de outras coisas, inclusive uma namorada gatíssima.

Sid fica um tempo sem teclar. Estranha a forma materialista[13] com que o amigo se expressou. Resolve dar uma pequena bronca.

- Você gostou mesmo desse tal de Nilton, hein. Está falando coisas que eu nunca ouvi. Agora o importante é ter uma *pick-up* e uma namorada gatíssima?

- Não é isso, Sid.

- Mas tome cuidado para que realmente não seja. Depois te conto a história da minha tia, Ana Maria. Você entenderá a minha preocupação.

- Valeu, papai – Leo ironiza o comportamento paternal do amigo. – Afinal, vamos ou não ao cinema?

- Eu posso no domingo.

- Combinado. Chamarei Lena e os outros. Agora tenho que ir.

- Beleza! Eu também. Fui!

- Até amanhã. Tchau!

Os dois se despedem, e Leo não segue o exemplo do amigo, esquecendo-se de fazer o trabalho de Biologia. Ele passará a semana entre o computador(para papear) e o travesseiro. E no, domingo, shopping e cinema com os amigos.

* * *

---

13 materialista – que só valoriza os bens materiais

CAPÍTULO 05

A galera chega ao *shopping* para curtir o cinema. Leo, Tetê e Sid já fazem isso juntos há algum tempo. Helena e Juan – namorado de Tetê – se juntaram ao grupo desde o início de seus relacionamentos. Tati é a mais nova agregada, e, surpreendentemente, Helena chamou o novo colega, João Felipe. O convite da namorada provocou mais ciúmes em Leonardo, que não tinha gostado do garoto, desde o primeiro dia de aula. Ficou bolado, pois Helena foi muito simpática com ele. Além disso, na primeira semana já deu para perceber que ele faz o estilo *nerd-consciente*. Nesse aspecto, ele já tem uma identificação natural com Helena, o que representa uma ameaça a mais para Leonardo.

João Felipe tinha pele branca, quase amarela, e usava um penteado estilo franjinha em seu cabelo preto bem liso. Ele arrebentou durante a primeira semana de aula, demonstrando conhecimento das disciplinas e maturidade ao lidar com as questões apresentadas pelos professores. Para piorar ainda mais, fazia um estilo bom moço do interior, que mesmo Leo reconhecia que isso tinha lá o seu charme.

Os sete entram no shopping, e Leo conduz a namorada, de mãos dadas, a fim de manter alguma distância do novo membro do grupo. No momento, eles estão um pouco atrás do restante do grupo.

- Leo? O que houve? Você está apertando muito a minha mão. Está me machucando! – Helena reclama.

- Desculpe, Lena... é muito amor – ele responde e dá um beijinho na bochecha da menina.

- Eu acho que está mais para ciúmes-irracional! É por causa do João Felipe?

Leonardo tenta fugir do assunto, como se fosse possível enganar a namorada. Em seguida, iniciam uma pequena briga, mas em baixo volume, para que os amigos não percebam.

- Do que você está falando? – Leo pergunta ironicamente.

- Não se faça de idiota! Eu já te conheço para saber quando está mentindo.

Leo fica em silêncio, e Helena continua:

- Por que você está com ciúmes do João Felipe?

- Do caipira... Ha ha ha... por que eu teria...

Leo interrompe a fala, quando percebe que Helena parou de caminhar e cruzou os braços como se dissesse: "você sabe que eu não gosto de seus apelidos preconceituosos!".

- Foi mal... – ele se desculpa.

Ela volta a andar ao lado do namorado, com um "tudo bem" estampado em seu rosto. O casal alcança os demais, que já estão na fila para comprar os ingressos.

- E aí, galera, qual vai ser? – pergunta Sid.

- Ué! Não falamos que iríamos ver o *Missão Mentirosa 7*?

- Mas acontece que a próxima sessão está esgotada. E a outra terminará depois das dez. Vai ficar muito tarde. Temos aula amanhã – lamenta Juan.

- É verdade. Quais são as outras opções? – pergunta Helena.

- Temos três opções de filmes que vão começar agora: um desenho, O *Coelho de Chinelos*; um, que eu não sei definir o que é, chamado *Home*; e um de terror, *Pânico e Zumbis 13*. Eu fico com o último – Sid responde, deixando claro que não abandonou de vez o gosto pelos filmes de zumbis.

- Poxa, veria o desenho, mas eu e Juan já assistimos – conta Tetê.

- Então, o desenho está eliminado – sentencia[14] Helena.

- Queridos, vamos ver o documentário – Tati sugere.

- Qual documentário? – Leo pergunta.

- Esse, que o Sid não sabia dizer o que era, é um documentário. Meu pai já viu e disse que é obrigatório que nós assistamos.

Leo e Sid se entreolham como se dissessem: "se o filme é indicado pelo pai alternativo da Tati, deve ser chato pra caramba!".

- Poxa... documentário... sei não, hein... – Tetê, que também não é chegada a filmes cabeça, resolve contaminar os colegas com seu desânimo.

- Ah! Pare de besteira, Teresa. Espere um segundo vou ler a sinopse[15] – a sempre esperta Helena pega o pequeno *folder*, que conta um pouco sobre o filme.

Enquanto isso, Leo e Sid, fazendo gestos negativos, olham para amiga e dizem baixinho:

- Por favor, não! Qualquer um menos este!

Helena resolve ler para o grupo em voz alta:

> *Em 200 mil anos na Terra, a Humanidade tem perturbado o equilíbrio do planeta, estabelecido por quase 4 bilhões de anos de evolução. O preço a pagar é alto, mas é tarde demais para ser pessimista: a Humanidade tem apenas 10 anos para inverter esta tendência e tornar-se consciente da extensão total da destruição da Terra e alterar os seus modelos de consumo. Yann Arthus-Bertrand, o realizador, traz-nos imagens aéreas únicas de mais de 50 países para partilhando*

14 sentencia – declara um resultado

15 sinopse – resumo

esperanças e receios num filme que lança a primeira pedra do edifício que, todos juntos, teremos de reconstruir.

- Galera, parece bacana! Vamos ver esse mesmo? – Helena complementa em uma pergunta que parecia mais um convite. – Além disso, poderá ajudar no trabalho de Biologia.

Antes que Leo ou Sid dissessem algo.

- Tê... vamos ver esse. Você mesmo disse que sempre quis saber mais sobre os problemas relacionados ao meio ambiente. Além disso, deve ser melhor que o filme dos zumbis – sugere o ponderado Juan.

- Você tem razão, amor. Estamos dentro – Teresa cede.

- Eu já estava dentro desde o início. E depois podemos montar uma roda para discussão – Tati já programa a atividade pós-filme.

Leo e Sid se olham e, telepaticamente, pensam juntos: "e agora mais essa!" Mas eles não tem coragem de contrariar a galera.

- Tudo bem. Vai ser maneiro – concorda Sid, sem muita firmeza.

- Lena, com você tudo é divertido – Leo ainda faz uma média com a namorada e troca um selinho com ela. Helena pergunta ao calouro:

- João, e você? O que acha?

- Amigos, confesso que só a experiência de ir ao cinema com novos amigos como vocês já teria valido a pena. Rever esse documentário, que é magnífico, será melhor ainda.

- Então, quer dizer que você já conhecia? – Helena fica admirada.

- Aham. Na verdade é um relançamento. Se vocês quiserem, depois eu explico para vocês. Vamos logo para não perdermos nada!

Leo faz uma careta sem ninguém perceber.

- *Caramba! Que pela saco! Esse cara já viu esse documentário? Como pode?*

O caipira, além de inteligente e charmoso, estava ficando moderno demais para o gosto dele. Nesse momento, ele teve uma péssima intuição sobre o final de domingo.

* * *

- Não falei para vocês. O filme foi IN-CRÍ-VEL!!! –Tati sai eufórica do cinema.

- Tenho que admitir que eu não queria muito ver o filme, mas estou saindo muito feliz. Que imagens! Gostou, amor? – Teresa dá sua opinião e pergunta a de Juan.

- Com certeza! Valeu muito a pena! – o namorado responde.

- É... eu acho que só o Leonardo não gostou – afirma Helena em tom irônico.

- Ué! Por que você diz isso? Agora tem poderes telepáticos? – O namorado pergunta.

- Não. Tenho poderes auditivos. Eu ouvi você roncando, né.

- Hahahahaha... - a trupe[16] cai na gargalhada às custas de Leo. Enquanto os amigos assistiam ao documentário maravilhados, ele tirava um soninho.

- Poxa, camarada, eu até estava meio bolado de assistir o documentário também. Mas admito que foi supermaneiro! Você perdeu.

- Perdi o quê? – Leo começava dar sinais de incômodo com as broncas – Só porque eu cochilei um pouquinho, não quer dizer que eu não vi o filme. É final de domingo, estou cansado.

- Você entendeu a mensagem? – Helena pergunta.

- Lógico.

- Então, você pode explicar para nós uma passagem que você gostou? – Helena arguia[17] o namorado, como se fosse uma professora irritada.

- Posso sim.

Leo começou a explicar, e Helena o interrompeu com outra sugestão:

- Você está contando o início do filme. Pode ser do meio para o final?

Leo fica mudo, e os colegas caem na gargalhada novamente.

- Vamos deixar o Leosoninho em paz, galera – sugere Helena. – Que tal um lanchinho, hein? Pizza?

Todos concordam e Tati faz uma sugestão:

- Pode ser uma pizza sem ser de calabresa ou presunto? Não acho legal, depois de ficarmos amarradões nesse filme, sairmos por aí comendo carne. Seria contraditório, não?

A turma apoia a proposta de Tati e dirigem-se para a pizzaria. Leo também concorda, mesmo sem entender o porquê, pois não quer parecer ainda mais alienado.

* * *

- João, o que você achou do filme? Foi esse mesmo que você tinha visto?

---

16 trupe – grupo

17 arguia – questionava

Já sentados na pizzaria, Helena resolve puxar assunto com o novo membro do grupo. Ela parece estar interessada na opinião do jovem, que já demonstrou conhecer sobre o assunto.

- Foi esse mesmo. Ele foi lançado em 2009 e relançado agora, devido à questão do novo Código Florestal e o aumento do interesse das pessoas pelo assunto.

- Legal... – Tetê observa. O garoto do interior prossegue:

- Não sei vocês, mas eu fiquei abismado com as informações e as imagens. É assustador quando penso que o planeta tem quatro bilhões de anos e nós, seres humanos, só chegamos há duzentos mil anos e já fizemos essas alterações todas. Não é coisa de louco?

Juan, que adora matemática, faz as contas:

- Só fizemos parte de 0,005% da história do planeta. É realmente impressionante.

- Creio que o pior é que as grandes alterações ocorreram há pouco mais de duzentos anos para cá, pós-Revolução Industrial. E mais drasticamente[18] nos últimos cinquenta anos, quando a população mundial mais que dobrou – João Felipe explanava com sua mão direita no queixo, no qual começava a surgir um cavanhaque, o que dava ao rapaz um ar ainda maior de intelectual.

- É mesmo. Outro dia mesmo, ultrapassamos a barreira dos sete bilhões de habitantes – afirma Sid, que podia não entender muito sobre meio ambiente, mas estava sempre atento ao noticiário.

- Existem modelos que relacionam o impacto ambiental ao tamanho da população, ao seu consumo e à tecnologia utilizada – João Felipe continua impressionando a galera com o seu conhecimento.

- Como assim? – pergunta Tetê, interessada.

- Quanto maior a população mais consumo, certo?

- Sim – todos concordam, com exceção de Leo que continua *out* da conversa.

- Mas não é só isso. Pois uma região pode ter uma população grande, mas cada indivíduo consumir pouco. Então, logicamente, o impacto será menor.

- E quando a população é grande e os hábitos de consumo são enormes? – pergunta Tetê.

- É o caso da população dos Estados Unidos. Algumas pesquisas dizem que eles consomem cerca de 25% da energia do mundo, mesmo sendo menos de 5% da população mundial[3] – revela Helena.

- Nu! Esse dado eu não tinha – João Felipe se espanta e utiliza uma gíria de sua terra natal. – Como você sabe disso?

---

18 drasticamente – energicamente

- Meu pai é biólogo e muito ligado nessas questões. Nós sempre estamos conversando sobre isso e de vez em quando ele me passa dados como esse.

- Legaaalll... então temos muito o que conversar – o jovem do interior demonstra uma admiração por Helena, lança um olhar de conquistador e deixa Leo IRADO de ciúmes.

- Então, imagina o que seria se todos do planeta consumissem como eles? – Sid levanta uma questão que todos acham interessante.

- Precisaríamos de uns quatro planetas, como o nosso, para sustentar tudo isso – calcula Juan.

- E a poluição? O lixo que produziríamos? Viveríamos soterrados de tanto lixo. Como naquele filme *Wall-E* – observa Tetê.

- Seria o fim – sentencia com pessimismo Helena.

- Não fique triste – João Felipe fala diretamente com a namorada de Leonardo e tenta animá-la – creio que existam outras formas de evitar que o pior aconteça.

- Acho que o grande problema é o individualismo e a desconexão entre a humanidade e o restante do planeta. O homem vem dominando a natureza como se fosse dono de tudo, degradando os recursos naturais, maltratando os outros animais e até mesmo os seus semelhantes. Só acho que isso acontece porque o ser humano só pensa em si e não percebe o mal que está fazendo às outras formas de vida. Essa falta de conexão é a principal causa. Meu pai sempre diz: "o dia em que aprendermos a dar valor à vida, mudaremos nossos valores e construiremos um mundo para nos orgulharmos".

O discurso sincero e maduro de Tati sensibiliza a todos. O grupo fica em silêncio por alguns segundos, em um momento de reflexão coletiva.

- Opa! Chegaram nossas pizzas! – avisa Sid, rompendo com a tensão instalada.

Os amigos degustam[19] animadamente as pizzas de champignon e margherita. Leo come suas fatias, apesar de não estar com fome. Está muito chateado por não ter participado da conversa. Ele sente que não tem a capacidade matemática do Juan ou a de fazer perguntas como a Tetê; nem o conjunto de informações do Sid e, muito menos, do João Felipe; e seus pais não são como os da Helena ou os da Tati. E até o filme, que poderia ter gerado algum aprendizado, só serviu para alimentar sua soneca. Realmente, sua intuição estava certa: foi uma noite de derrotas!

* * *

19 degustam - experimentam

CAPÍTULO 06

Leo chega à sua casa e cumprimenta normalmente seus pais, que veem TV na sala. Ele se esforçou para não transmitir sua tristeza, porque não queria dar explicações. Deita em sua cama, coloca as mãos sob o rosto e relembra a noite em que só fez papelão. Depois de dormir durante o documentário-cabeça, não sabia o que falar diante de seus amigos, sobre as questões contemporâneas que discutiam.

Após poucos minutos, resolve tomar um banho para esfriar a cabeça. Na volta, apesar de estar tarde e ter aula no dia seguinte, resolve entrar na rede social favorita para ver algumas bobagens e esquecer as derrotas da saída com os amigos.

Na rede, fica algum tempo observando as atualizações feitas pelos seus amigos. Como ele não está a fim de pensar muito, permanece cerca de vinte minutos nessa atividade, o suficiente para que o sono chegasse. Encaminhando-se para desligar, percebe que tem uma solicitação de amizade não respondida. Para seu espanto, é Fred, seu antigo pedagogo[20].

Há dois anos, Leonardo fez uma espécie de terapia com Fred, com o intuito de melhorar seu comportamento na escola. Na época, ele era retirado de sala sistematicamente e sofria com advertências e suspensões. Para resolver o "problema", seus pais contrataram Fred, e os dois passaram alguns meses debatendo sobre Ética, o que ajudou o garoto a amadurecer. Leonardo tem recordações incríveis dessa fase de sua vida e considera que os debates com Fred o ajudaram a ficar mais consciente e inteligente. A parceria acabou se tornando uma amizade sincera e, agora, bate uma saudade do amigo-terapeuta. Ele corre para confirmar e já envia uma pergunta:

> - E aí, Fred? Tudo bem? Que bom te ver aqui na rede! Queria saber se poderíamos marcar um encontro, pode ser um almoço, para colocar o papo em dia. Depois das nossas conversas, muita coisa mudou na minha vida e queria contar as novidades. Abraços!

Leo lembra-se de que, quando debatiam sobre Ética, ele e Fred conversavam muito sobre Filosofia. Hoje, assistindo ao debate entre seus amigos, sentiu que tem muito a aprender sobre as questões sociais e ambientais. Então, quem sabe Fred pode ajudá-lo a refletir, com algumas lições de Filosofia?

* * *

20 pedagogo – profissional da educação

PARA PENSAR...

1) Você concorda com o pai de Helena, que uma empresa de marketing (ou de qualquer outro tipo) deve se preocupar com os produtos que vende ou divulga?
2) No carro, Charles e Nilton discutiam sobre tecnologia e desenvolvimento. Você concorda com Nilton, quando ele diz que a humanidade encontrará soluções para seus problemas, ou com Charles, que afirma que a sociedade caminha para enfrentar problemas gravíssimos e que precisa de grandes mudanças em seu estilo de vida?
3) Depois do cinema, Leonardo sentiu-se um alienado por não participar da conversa dos amigos, sobre questões socioambientais. Em algum momento de sua vida, você também ficou chateado pelo mesmo motivo?
4) Para resolver seu problema, Leonardo resolve procurar seu amigo Fred. Você concorda que devemos procurar estudar para conhecer e compreender o mundo? Você faz isso ou tem vontade de fazê-lo?

Lição 1: Busque o conhecimento verdadeiro

CAPÍTULO 07

Leo aguarda ansioso na praça de alimentação do shopping. Ele marcou de almoçar com Fred, que está um pouco atrasado.

- *Poxa, cadê o Fred? Estou louco para encontrar com ele!*

Enquanto espera, Leo vai pensando no que vai contar para o amigo. Ele pega um pedaço de guardanapo e começa a organizar:

- *Tanta coisa para contar, que eu não sei se dará tempo. Espero que ele fique com orgulho de mim. Quero falar sobre como as minhas notas melhoraram e que passei bem no ano passado. Tem as lições sobre Empreendedorismo, Helena, a volta do meu tio,...*

- Você não perde a mania de desenhar, não é mesmo?

Fred chega sorrateiramente[21] e surpreende Leonardo desenhando no guardanapo.

- E aí, Fred?! Tudo certinho?

- Tudo, meu amigo. Continua desenhando enquanto pensa na vida?

- É uma mania que eu ainda não perdi.

- Não tem problema nisso. É seu jeito. A forma como você organiza as coisas na sua cabeça. Só não pode fazer na sala, porque o professor não deixa – e dá uma risadinha ao mencionar a situação que provocou o início do debate sobre Ética.

- Fique sabendo que não faço mais.

- É mesmo? Não tem mais tomado advertências e suspensões?

- De forma alguma. Ano passado não tomei nenhuma advertência... Quer dizer só uma, porque eu discuti com o Heitor por causa da Helena.

- Brigou por causa de uma menina?

- Aham.

- Então, o motivo foi justo. Está perdoado.

- Hahahahaha...

---

21 sorrateiramente – ocultamente

- Onde iremos comer?

- Sei lá. Onde você quiser?

- Você está com tempo? Tem algum compromisso?

- Não mesmo.

- Então, vamos até aquele restaurante ali, pois é fechado e teremos menos barulho para conversarmos.

- Ok.

- Estou curioso e quero saber tudo sobre você, inclusive sobre essa sua namoradinha.

- Está bem.

Os dois caminham até o restaurante e pedem seus pratos. Nesse tempo, Leonardo coloca Fred a par dos principais acontecimentos de sua vida. Inicia agradecendo por todas as ideias que o pedagogo deu e que o ajudaram a se transformar na pessoa que é hoje. Depois, fala sobre a importância da volta de seu tio, Xandão, ao Brasil uma vez que ele substituiu Fred, como seu mestre particular, ajudando-o, quando estava inseguro no início do namoro com Helena. Finalizou seu resumo de "esta é a sua vida" falando sobre a namorada e como está feliz hoje.

- Leo, fico extremamente contente e realizado ao ouvir a sua história. É muito recompensador saber que um ex-aluno amadureceu e está dando conta de viver nessa loucura toda que é a nossa sociedade.

- E você, Fred? Como está?

- Está tudo ótimo. Escrevi um livro sobre minha experiência, como pedagogo. Te chamei para o lançamento.

- É... eu me lembro, recebi o convite pelo correio. Mas coincidiu com a festa da minha avó. Não tinha o seu Facebook na época e ficou difícil de avisar que não iria.

- Tudo bem. Não fiquei chateado não. Você fez o que achou certo.

- E o que mais?

- Tenho feito muitas palestras. Estou ganhando uma boa grana. Minha esposa está grávida novamente.

- Uhu! Família Fred está crescendo!

- Estou muito feliz. Agora, será uma menina.

- Que show! Deve ser muito bom ser pai!

- É sim, mas não tenha pressa, ouviu?

- Hahahaha... Pode deixar. Quero fazer tudo direitinho.

Os pratos chegam, e eles começam a almoçar. O silêncio toma conta da mesa por um tempo, e Fred, muito intuitivo[22], pergunta:

22 intuitivo – que usa a intuição, a subjetividade

- Por que eu estou com a impressão de que você está procurando uma ajuda?

- Porque é verdade, e você é sinistro.

- Hahahahaha... O que está acontecendo? Está tudo bem mesmo?

- Está sim. É só um pequeno probleminha... Pequeno mesmo.

- É com a sua namorada?

- De certa forma.

- Você sabe que os relacionamentos a dois não são perfeitos, não é?

- Sei sim... Mas o meu namoro com a Lena era praticamente perfeito.

- Até...?

- Até aparecer um pela-saco *nerd* caipira chamado João Felipe!

Fred se assusta com o excesso de adjetivos e quase se engasga.

- Que isso, hein. Esse menino deve ter um papel importante na sua vida. Que fúria!

- Foi mal.

- Não precisa pedir desculpas para mim. Sou seu amigo e estou aqui para te ouvir. Para isso você precisa ser autêntico[23] e falar o que pensa. Pode desabafar.

- Posso mesmo? Como eu quiser?

- Aham – Fred volta para a sua lasanha de quatro queijos, enquanto olha e ouve Leonardo narrar toda a noite fatídica[24] de documentário e pizza.

- ... Então estou bolado, pois a Lena adora esses assuntos e o pela-saco do João Felipe parece ser a Bíblia dessas questões.

- Hahahaha... Gostei do termo! Se o João é a Bíblia do assunto, o que você é? Uma redação de um aluno do C.A.?

Leo não ri e comenta:

- Parece que geral gosta de me zoar sobre isso. Até você, né?

- Foi mal. Foi difícil perder a piada.

- Não me lembrava desse seu lado irônico.

- Na verdade, eu sempre tive, mas quando você era um cliente eu não podia fazer nenhuma piadinha. Agora, somos amigos, está liberado, não é? Vamos lá, anime-se um pouquinho.

- Estaria animado, se a situação não fosse perigosa.

- Estou brincando, porque não vi nenhum problema. Você não está hipervalorizando o caso?

- Hammm?

23 autêntico – genuíno, verdadeiro
24 fatídica – sofrida

- O cara sabe mais sobre meio ambiente que você. E daí? Você precisa saber mais e ser mais inteligente que todo mundo para sua namorada gostar de você? Isso significa que a Helena irá te "trocar" sempre que aparecer alguém mais inteligente? Se ela gostar mesmo de você, não.

- O Sid falou a mesma coisa.

- Leo, vimos juntos que as pessoas são diferentes possuem habilidades diferentes. Ele sabe mais sobre um assunto, e você sabe mais sobre outro. Qual é o problema? E o que isso tem a ver com relacionamento?

- Você falando até parece algo simples.

- Não quero menosprezar o que você está sentindo. Mas não consegui perceber o drama todo que você está vendo.

Leo fica pensativo. Dá mais uma garfada em seu bife, e Fred desconfia de que tem algo a mais.

- Não é só isso, Leonardo?

- Não. Conversei com o Sid sobre o caso. Ele me disse praticamente o mesmo que você.

- E...?

- Só que ele também me deu uma lição de moral. Parecia meu pai.

- O que ele te disse?

- Falou que eu não era mais criança, que não podia levar uma vida alienada, que eu precisava me inteirar mais sobre as coisas do mundo. Devo confessar que fiquei muito bolado no domingo, pois me senti infantil e "desplugado" das "coisas do mundo".

- Como assim? Fale mais.

- Não tem como você não ficar pensativo, quando sai com os amigos e não consegue participar do papo, por não saber do que se trata. Parece que eles evoluíram e você permaneceu no jardim de infância.

- Hahahaha... Leo, sua veia cômica está demais. Hilário[25].

Leo abaixa a cabeça, e Fred muda o tom.

- Falando sério... Quando conheci você, suas atitudes eram imaturas e irresponsáveis. Já falei que tenho orgulho de ver como você melhorou e continua a progredir. Tudo é processo. Não acontece de um dia para o outro. Naturalmente, você ficará preocupado com as "coisas do mundo", como disse, e buscará informações.

- Pois é, estou sentindo isso agora. Quando estudamos sobre Ética, vimos vários filósofos. Achei muito bacana na época, pois tudo que vimos me ajudou a pensar.

---

25 hilário – engraçado

Senti-me mais inteligente. Então, quando te vi no Facebook, pensei em pedir a sua ajuda.

- Ainda não entendi muito bem.

O garoto decide ser direto.

- Como você me ajudou a pensar sobre meu comportamento, gostaria de saber se tem como me ensinar a analisar as "coisas do mundo". Você tem mais ensinamentos na sua cartola, que possam me ajudar nisso?

- Você quer dizer mais lições sobre Ética?

- Não exatamente. Mas ensinamentos que me ajudem a refletir sobre as coisas.

- Aaahhhhh... Acho que compreendi. Poderiam ser lições sobre Filosofia?

- Acho que sim. Tive aula de Filosofia na escola essa semana. O professor explicou que era o "amor pelo conhecimento". Então, se for isso, ou seja, se for para conhecer mais, aprender mais, acho que servirá

- Ok. Vamos lá. Primeiro preciso te fazer uma pergunta: tem certeza de que não tem relação com o "concorrente"? Veja bem, estudar Filosofia não é aprender uma série de frases de efeito. Estou achando que você quer dar o troco no João Felipe, fingindo saber sobre outro assunto para impressionar a sua namorada.

- Há algum problema em aprender algumas frases bonitas para impressionar a minha namorada?

- Não. Mas para isso você não precisa da minha ajuda ou estudar Filosofia. Posso te indicar uns sites de ditados populares e frases do dia que resolve.

Leo faz cara de que não entendeu, e Fred prossegue:

- Acho que você está absolutamente enganado sobre a função da Filosofia. Ela pode te ajudar a compreender sobre as "coisas do mundo", mas você terá que ralar. Pesquisar, sentir, questionar, pensar, debater. Não será fácil. Não vem em um pacotinho fechado.

- Fred, entendo que não será fácil. Não queria que você pensasse mal de mim. Gostaria que você me entendesse...

Fred permanece em silêncio, dando espaço para Leo continuar sua explicação.

- Sabe o que é... quando se é adolescente, o mundo parece girar muito rápido, e queremos tudo também de forma rápida.

- E fácil.

- É... e fácil.

- Eu entendo, Leo. Sabe o que é fácil? Ficar desligado, não se importar com os fatos que afetam o mundo todos os dias. Sabe o que mais? Agir de acordo com o que os outros esperam, sem raciocinar, sem refletir sobre as consequências.

Isso tudo é fácil, pois é só se deixar levar, não precisa de muito esforço. E pensar? Ah! Pensar é difícil, pois pode acarretar em tomadas de decisão exigirão esforço e aborrecimentos. Por isso, muitas pessoas adotam como solução não pensar.

Leo concorda com sua cabeça, e Fred mostra outro ponto de vista:

- E não posso deixar de mostrar uma ótima oportunidade que você tem. Essa situação toda despertou em você o interesse por algo muito bacana. Você pode aproveitar essa chance e aprender coisas importantes ou simplesmente usar frases de efeito de forma superficial. Só vou te ajudar se você escolher a primeira opção.

Leo reflete mais um pouquinho, e Fred faz uma analogia[26]:

- Garoto, foi fácil o tempo que passamos juntos, discutindo Ética?

- Não.

- E foi útil? Para você, foi transformador passar todo aquele tempo refletindo e amadurecendo para fazer escolhas mais sábias?

- Aham.

- Então, assim como a Ética te transformou, a Filosofia também poderá te ajudar.

- Entendi.

Os dois já finalizaram o almoço. O garçom aproxima-se para retirar os pratos, e Fred pergunta sobre o *menu* para escolher uma sobremesa. Fred pede um pudim, e Leo prefere ficar só com seus pensamentos. O pedagogo retorna ao assunto:

- Leo, você entendeu mesmo?

- Acredito que sim.

- Está querendo aprender mais ou prefere que eu indique aquele s*ite* com o pensamento do dia?

Olhando nos olhos de Fred, o garoto responde:

- Quero aprender de verdade.

A firmeza de Leonardo convence, e o amigo resolve dar uma chance:

- Então, vamos dar o pontapé inicial?

- Sim. Pode falar.

- Sugiro que em casa você pesquise...

- É sério??? – cortando Fred - Mais dever de casa??? Já tenho tantos na escola!

- Opa! – chamando a atenção - Eu disse que seria fácil?

- Não.

- Além disso, você sabe que eu não acredito nessa história de professor ensina e aluno aprende.

---

26 analogia – ponto de semelhança entre coisas diferentes

- É... eu sei. Igualzinho a minha professora de Biologia.

- Deve ser uma excelente professora.

- Está bem. Pode mandar.

- Pesquise em casa sobre **Sócrates**. Nessa pesquisa, é fundamental que você entenda a diferença entre o pensamento e prática de Sócrates e as de seus opositores.

- Espere que eu vou anotar. Não tem como eu me lembrar desses nomes estranhos.

- Não se preocupe, pois serei um professor bonzinho. Enviarei *links* pelo Facebook.

- Show! Você será bonzinho mesmo?

- Mas enviarei perguntas junto.

- Estava bom demais para ser verdade.

A sobremesa chega. Fred degusta, enquanto Leonardo analisa a nova jornada em que está iniciando. Percebendo o semblante de dúvida do garoto, Fred dispara:

- Ei! Leo?

- Hamm?

- Valerá a pena. No final, você será outro jovem. Eu te garanto.

* * *

CAPÍTULO 08

Leo chega à sua casa com muito sono. Resolve dormir um pouco. Esse "pouco" estende-se até o início da noite, quando ele é acordado por sua mãe, Joana, para jantar.

O garoto levanta-se com uma lerdeza de envergonhar uma lesma. Dirige-se para a mesa da sala, onde Joana e seu pai o aguardavam. Leonardo espanta-se não só pelo jantar em família, mas pela mesa bem preparada, com louça de festa, toalha de mesa nova e vinho tinto para beber.

- Hoje, vai ter jantar em família? – O garoto pergunta.

- Sim. Algum problema? – Joana responde.

- Não. Só não é tão comum. Algum motivo para comemoração? – Leo responde com outra pergunta.

Carlos e Joana riem. O filho demonstra que estar com os pais, para uma refeição, no meio de semana é totalmente incomum. Com alguma culpa por isso, Carlos justifica sua constante ausência:

- É, filho, você tem razão. Tenho trabalhado muito. Mas espero que isso melhore.

- Que isso, pai. Não precisa pedir desculpas. Eu entendo que você trabalhe muito. E vai piorar, não?

- Por que você diz isso?

- O meu tio me disse que vocês estão querendo ampliar os negócios – o garoto revela que tem conversado com Xandão sobre o assunto, algo que nem sempre agrada Carlos. Mas o pai não demonstra irritação, respondendo calmamente.

- Sim, é verdade, mas acredito que isso não representará um aumento na minha carga de trabalho.

- Como assim? Isso eu não entendo. Se aumentar as operações da empresa, naturalmente, você terá que trabalhar mais.

- Isso não é verdade. Teremos mais dinheiro e iremos contratar mais gerentes. Poderei ficar mais tempo na gestão e menos no cotidiano.

Leo está um pouco mal humorado por causa do sono e responde grosseiramente.

- Até parece, pai. Vai se iludindo.

- O quêêêê? Como você fala assim comigo! – Carlos perde o equilíbrio e responde em tom de esporro.

Leonardo olha para seu pai, sem entender sua resposta explosiva:

- Foi mal, pai. Não quis te ofender. Só acho que as coisas não são fáceis, como o senhor está dizendo.

Carlos mantém sua postura beligerante[27].

- É mesmo? E o que você sabe sobre isso? Menino, você não dá conta nem das suas provas, como vai entender sobre o trabalho de um adulto.

Joana, que até o momento assistia à discussão dos dois, resolve interferir:

- Ei, homens da casa! Por favor, parem com isso... Já é raro jantarmos juntos, portanto, peço que vocês não discutam. Vamos manter a harmonia.

- Na boa, mãe, prefiro comer no meu quarto. Estou me sentindo agredido agora. Licença. – E levanta-se da mesa, carregando seu prato.

- Filho, espere... – Joana tenta "segurar" Leo, mas é interrompida por Carlos.

- Deixe. Ele está folgado demais. Um menino que não lê um jornal, que não consegue tirar um sete em Matemática, querendo me dizer o que fazer.

Enquanto retorna para seu quarto, Leo ouve o julgamento de seu pai e fica muito magoado. Ele coloca o prato sobre a mesa e deita em sua cama. Mais uma vez, sente-se humilhado por alguém julgá-lo infantil e irresponsável. Ele quer mostrar o seu valor, ser reconhecido como um jovem inteligente de opiniões relevantes, mas tem autocrítica e sabe que precisa construir essa imagem. Mais do que isso, precisa construir esse conteúdo e, portanto, precisa mudar sua atitude. Ele pensa em voz alta:

- *Acho que chegou a hora de maneirar com videogames, chats e redes sociais com bobagens. Meu pai tem razão. Eu não leio um jornal. Como vou aprender a compreender as "coisas do mundo" assim?*

Lembra-se do almoço com Fred. O amigo pedagogo lhe disse que não deveria se importar tanto com a opinião dos outros, que deveria fazer escolhas baseadas nas suas vontades e intenções. Porém, o garoto não tem como negar a importância da opinião de seus amigos e pais. Obviamente, as avaliações dessas pessoas têm muito peso em nossas vidas e influenciam nossas decisões. Dessa forma, Leonardo tem mais um incentivo para plugar-se nos fatos contemporâneos, que ele mesmo nomeou de "coisas do mundo".

- *Não posso ficar limitado aos ensinamentos do Fred, mas deve ser um bom início.*

O garoto consegue transformar sua tristeza em combustível para aprender mais sobre como pensar e construir conhecimento. Resolve, então, seguir as instruções de Fred entrando na internet para pegar suas dicas e pesquisar sobre Sócrates.

27 beligerante – que faz guerra

SÓCRATES E A HONESTIDADE INTELECTUAL

Sócrates (nascido em Atenas em 469 a.C. e morto na mesma cidade em 399 a.C.) é considerado o "pai da filosofia". Esse título tão carregado de significado indica que Sócrates deve ter sido importante. Mas qual a sua importância?

A importância de Sócrates na filosofia é paradoxal. Ele realmente é o mais influente filósofo, de quem todos os outros filósofos são tributários, pois foi o primeiro a insistir na necessidade de cada pessoa se investigar subjetivamente para que possa se conhecer verdadeiramente e na importância de analisarmos os conceitos que utilizamos.

Afinal, embora a valorização da busca pelo autoconhecimento já estivesse presente nos textos de sábios anteriores ao filósofo, no pensamento de Heráclito de Éfeso por exemplo, é em Sócrates que esse tema se torna, ao mesmo tempo, central e sistematizado. Sócrates produz uma verdadeira metodologia para expor a ignorância dos interlocutores a respeito dos conceitos que usam e a respeito de si mesmos; e, consequentemente, causa nesses interlocutores a consciência da necessidade da busca pelos conhecimentos verdadeiros em relação a si mesmos e do mundo.

Contudo, ao mesmo tempo em que Sócrates é o mais conhecido e admirado filósofo, é também aquele a respeito de quem o conhecimento direto e inequívoco das ideias é o mais problemático, porque não ficou registrado na história do pensamento texto algum dele. Isso quer dizer que Sócrates é o filósofo mais influente, mas ninguém sabe ao certo qual era exatamente a sua filosofia. Por isso, sua importância é paradoxal.

Como sabemos, então, o que pensava e dizia Sócrates? Sabemos porque dois de seus discípulos, Platão e Xenofonte, descreveram o que seu mestre havia dito e feito – ou o que eles entenderam do que Sócrates ensinou. Isso quer dizer que é impossível dissociar de forma absoluta o pensamento de Sócrates do pensamento de seus discípulos – e principalmente do seu discípulo mais importante, Platão, visto que os textos (sob a forma de diálogos) com a filosofia de Sócrates não foram escritos por Sócrates, mas por alguém que se considerava seu herdeiro intelectual.

Portanto, é impossível dissociar Sócrates e Platão; mas será possível ao menos identificar o que há de mais *socrático* ou de mais *platônico* nos textos de Platão? Sim. Os textos mais *socráticos* são os primeiros textos da obra platônica, escritos quando as ideias do mestre ainda estavam mais vivas e mais nítidas na mente do discípulo. Nesses textos, conhecemos um Sócrates questionador, irônico, sem uma *teoria filosófica* propriamente.

Já nos textos posteriores, Sócrates aparece diferente: embora o retrato do filósofo mantenha a veia irônica, já não faz perguntas que não são respondidas. O Sócrates retratado por Platão em seus últimos diálogos é um Sócrates que apresenta respostas e *teorias filosóficas* – na verdade, mais que teorias, o último Sócrates apresenta um verdadeiro sistema, que podemos chamar propriamente de sistema platônico. Esse Sócrates final não mais guarda semelhança com o Sócrates real: na verdade, nesses diálogos Platão põe sua própria filosofia na boca do personagem Sócrates.

E como o Sócrates personagem das primeiras obras de Platão, o personagem mais fiel ao real, vivia e agia?

De acordo com Platão, Sócrates foi um corajoso soldado na juventude. Após chegar à maturidade, começou a questionar a si mesmo e aos seus concidadãos a respeito de quem realmente eram e do que realmente sabiam.

Essas perguntas não podiam ser respondidas de modo simples, pois Sócrates não perguntava sobre a aparência do corpo, nem sobre coisas cotidianas. Suas perguntas eram, na verdade, a respeito do que podia definir o ser humano ou de como se poderia conhecer alguma coisa com certeza.

Uma grande, senão a maior, inovação na filosofia de Sócrates é a concepção de que é necessário ter uma atitude que hoje chamamos de **"honestidade intelectual"** ao se buscar o conhecimento. Em especial, é preciso ser consequente e aceitar as implicações daquilo que se afirma.

Cotidianamente, Sócrates conversava com pessoas que se diziam especialistas em um ou outro assunto. Para incentivar que as pessoas passassem a se questionar e a se conhecer melhor (como dizia o pórtico do Oráculos de Delfos: "conhece-te a ti mesmo"), o filósofo questionava os conhecimentos que seus interlocutores afirmavam possuir – e mostrava como eles chegavam a proposições contraditórias, ou como de suas respostas poderiam ser derivadas proposições que não estariam dispostos a admitir. Esse método de perguntas, respostas e revelações de contradições nas respostas é chamado *elenkhos*.

Um aspecto interessante do *elenkhos* socrático é que o próprio Sócrates, no processo de fazer perguntas e mostrar a contradição entre as respostas do interlocutor, não apresentava nenhuma resposta, nenhuma teoria, nenhum conhecimento específico. Como diria o filósofo, sua sabedoria consistia no fato de reconhecer a sua ignorância (daí a famosa expressão "sei que nada sei"), ao contrário dos "sábios" que diziam muito saber, mas nada sabiam de fato – e não sabiam nem que eram ignorantes, como Sócrates demonstrava.

Evidentemente, muitas pessoas ficaram com raiva do filósofo; Sócrates acabou processado por impiedade e por ensinar aos jovens doutrinas falsas e a tornar mais forte a razão mais fraca e vice-versa. A acusação de impiedade vinha do fato de Sócrates afirmar ouvir um "daemon", um "espírito", que o avisava quando estava prestes a cometer uma injustiça; a outra acusação, de corromper a juventude, devia-se ao fato de o filósofo ser acompanhado frequentemente por um grupo de jovens que o imitavam, questionando os sábios e as autoridades.

Esse processo terminou por condenar Sócrates à morte pela ingestão de cicuta. Na prisão, rejeitou a oferta feita por seus discípulos para escapar por meio do suborno dos guardas; no dia de sua morte, foi quem consolou os seus jovens amigos. Segundo Sócrates, um homem justo não deve temer a morte, pois ela só pode ser o fim definitivo ou uma passagem para outra vida, não havendo terceira hipótese. Caso a morte seja o fim, então não haverá sofrimento na morte, pois o que deixa de existir deixa de sofrer; a morte será, nesse caso, uma espécie de sono sem sonhos. Caso a morte não seja o fim e haja outra vida, então a morte do justo não apenas não será um mal, mas será o maior bem, pois o justo virá a reunir-se, para sempre, com os outros justos que também já morreram. Assim, a morte ou nada é, ou é um bem.

Após a morte de Sócrates, seus discípulos foram perseguidos por algum tempo; Platão só voltaria a Atenas muitos anos depois, para fundar a primeira universidade da história: a Academia.

Leo come a sua comida fria, enquanto aprende, nos sites indicados por Fred, sobre Sócrates e seu papel na história da Filosofia ocidental. O garoto fica impressionado com a capacidade do grego de questionar e de construir conhecimento. Agora, ele está tão ansioso para conversar com Fred sobre o filósofo, que entra no Facebook à procura do amigo.

* * *

CAPÍTULO 09

Fred? Você está aí?

Leo tenta teclar com o amigo pedagogo.

- Estou sim. E aí, beleza?

- Tudo ótimo.

- Deu sorte em me encontrar aqui. É raro eu estar *on* a essa hora, ainda mais disponível no *talk*.

- Você pode teclar?

- Posso sim. Diga.

- Acabei de fazer aquela pesquisa que você recomendou.

- Já?

- Aham.

- Por que tanta pressa? Está com ânsia em aprender, hein?

Leonardo poderia explicar o esculacho que tomou do pai, mas resolve pular esta parte e fazer uma média.

- Pois é... tive um bom incentivador.

- Ok. E aí? O que achou?

- Fiquei com muita inveja. Se eu tivesse o poder de argumentação de Sócrates, eu convenceria qualquer um de qualquer coisa.

- Hahahahaha... Acho que você não entendeu nada.

- Hamm? Como assim?

- Ele era ótimo na arte do debate, é verdade, mas não tinha interesse em convencer as pessoas de nada, a não ser da verdade. Ele não buscava em nenhum debate que as pessoas concordassem com ele com alguma motivação pessoal. Para ele, interessava construir o verdadeiro conhecimento. Aqueles que tentavam convencer as pessoas de suas opiniões, por motivos políticos ou econômicos, eram os sofistas. Você estudou sobre isso, não?

- Sim.

- Eles eram os especialistas em convencer as pessoas das coisas, mesmo que não fosse o conhecimento mais apurado ou o melhor para a população.

- E Sócrates desmascarou muitos deles.

- Exato. Então, o que você aprendeu sobre a diferença entre as práticas de Sócrates e as dos sofistas?

- Sócrates convencia as pessoas pela verdade, enquanto os outros buscavam ganhar os debates por interesses pessoais.

- Isso mesmo. Tudo o que você estudou ocorreu na Grécia antiga há mais de dois mil anos atrás, mas ainda pode ser observado hoje.

- É mesmo?

- Sim.

- Quando tem o noticiário sobre política, você consegue perceber que nossos representantes buscam o que é melhor para a maioria da população?

Leonardo não tinha o hábito de ler ou assistir jornais, mas esta pergunta ele sabia responder.

- Não, de jeito nenhum.

- Por quê?

- Eu acho que eles buscam o que é melhor para eles, para os patrocinadores de suas campanhas ou no máximo para seus eleitores.

- Muitas vezes eles ameaçam votar contra medidas boas para a população, só para pressionar e ter suas questões particulares atendidas.

- É uma vergonha.

- E aí? Qual é a moral dessa história? O que você aprendeu?

- Acho que devemos

Buscar o verdadeiro conhecimento

- E para isso é fundamental a honestidade intelectual, ou seja, você deve entrar em um debate disposto a chegar a melhor conclusão, mesmo que não seja a sua. E não é só isto, certo?

- Não. Também é preciso testar todos os argumentos e hipóteses, não importando quem propôs. Sócrates usava a lógica para demonstrar que certos argumentos eram falsos, enquanto outros, verdadeiros.

- Exato. E isto destronou[28] vários falsos sábios.

- Que exigiram sua condenação.

- Retiro o que disse. Você aprendeu bastante.

- *Cool.* Estou superempolgado. Tive um bom professor.

- Hehehehe... Fico feliz e valeu pelo elogio.

- E agora, Fred?

---

28 destronou – retirou do trono

- Agora é saber como você deve aplicar esse conhecimento na sua vida. Quanto mais prática, melhor é a aprendizagem.

- Você sugere alguma outra pesquisa?

- Sim. Acho que também podemos dar mais um passo. Voltando um pouquinho no assunto: por que será que as pessoas continuam a votar nos mesmos políticos, mantendo esse esquema imoral?

- Não sei. Acho que falta consciência, informação, educação,...

- Também acredito que seja por aí. Interessante, pois sua resposta tem tudo a ver com nosso próximo assunto. Sugiro que você pesquise sobre **Platão** e a **Alegoria da Caverna**.

- Está bem, mas hoje não, ok? É pensar muito por um dia.

- Com certeza. Bom descanso.

- Para você também.

Os amigos se despedem e desligam seus computadores. Apesar de mais calmo e com a autoestima elevada novamente, Leonardo não sai de seu quarto. Ainda está magoado e não quer ver o seu pai. Ele liga a TV e assiste a um programa de comédia até dormir. Leo nem vê quando seu pai entra no quarto, o cobre, dá um beijo em sua testa e diz:

- Desculpe, filho.

* * *

CAPÍTULO 10

Depois dos três primeiros tempos de aula, Leo e os amigos descem para o intervalo. Eles compram seus lanches e sentam-se no canto do pátio, lugar tradicional dos bate-papos do recreio, desde sempre. Além de Leo, estão juntos Sid, Tetê e Tati, que pergunta:

- Ué, Leozinho, cadê a Helena?

- Não sei.

- Eu a vi ali do outro lado do pátio conversando com o João Felipe – Tetê responde.

- Pela-saco! – Leo solta baixinho o que estava pensando.

- O que foi camarada? – Sid pergunta, pois não ouviu direito o que o amigo disse.

- Nada não.

Tetê puxa um assunto:

- E aí, vocês viram? A professora Raquel continua estressadíssima por causa da mudança do Código Florestal.

- É mesmo. É realmente um absurdo os deputados promoverem uma lei que aumenta o desmate e a degradação ambiental – observa Sid.

- Sou uma menina muito otimista, mas, quando vejo a ignorância das pessoas e a falta de cuidado com a natureza, eu fico muito chateada – Tati compartilha com os colegas.

- Acho que devemos participar das campanhas na *web* que pedem que a presidenta vete as alterações no Código – Tetê dá a sua opinião.

Leo permanece calado, por causa dos ciúmes de Helena e por não entender sobre o assunto. Sid pergunta:

- Leo? Vamos, amigo, participe da discussão. O que você acha?

- Hamm? Como? – Leo responde, quer dizer pergunta, meio perdido.

- Iihhhh... O fantástico mundo de Leonardo! Não sei por que você perguntou para ele, Sid. Você sabe que o nosso amigo não sabe nem do que estamos falando – Tetê debocha.

- Do que vocês estão falando? – Leo pergunta novamente.

- Não falei... Hahahahah – Tetê continua a zoar.

- Estamos falando sobre a mudança no Código Florestal. O que você acha? – Sid situa o amigo no papo.

- Não sei ao certo. E vocês? O que acham?

- Todos nós achamos a mudança um absurdo. O Brasil tem as melhores leis ambientais do mundo, que protegem nossa natureza da depredação humana. É um retrocesso[29] mudar isso. Estamos querendo participar das campanhas na internet contra as alterações e que pedem o veto da presidenta – Tati resume.

Leo nada responde. Lembra-se do que estudou sobre Sócrates e da importância de saber perguntar em vez de dar respostas prontas, que todos esperam.

- É mesmo? Vocês acham que entendem o suficiente sobre o assunto para se posicionarem assim? – Leo elabora uma pergunta rebuscada[30].

Tetê responde:

- Sabemos que as alterações aumentarão o desmate. Isso já é suficiente.

- Você acha? Sid, meu camarada, me diga uma alteração proposta? – Leo mira o melhor amigo.

Sid busca na sua memória e responde:

- Sei que existe uma que propõe uma redução do limite de desmate nas margens dos rios.

- Isso mesmo. Se eu não me engano, de trinta para quinze metros de preservação, dependendo da largura do rio – Tetê completa a frase de Sid.

- E essa redução prejudica as condições do rio? – Leo prossegue com seu questionário.

- Com certeza – Tetê responde enfaticamente.

- Bacana, Teresa. O quanto prejudica?

- Ah, Leo! Deixa de ser chato! Como é que eu vou saber disso!

- Eu não sei, mas entendo que você só poderia julgar a situação se a entendesse por completo, ou não?

Teresa se cala. Levou um *ippon* cerebral. Não tem como contra-argumentar. Agora, Leo direciona suas atenções para Tati:

- Tati, você sempre fala da importância de preservar o meio ambiente, certo?

- Aham.

- Posso te fazer um desafio?

- Pode sim.

- Será que você consegue ver alguma vantagem na alteração do Código Florestal?

- Não mesmo.

---

29 retrocesso – retorno

30 rebuscada – elaborada, com qualidade

- Calma. Você respondeu muito rápido. Não há mesmo nenhum ponto positivo?

- Não consigo ver.

- Eu não pensei nisso ainda, mas vamos tentar imaginar juntos, ok?

Os colegas concordam, um pouco contrariados.

- Aqueles que querem desmatar tem algum motivo para isso?

- Imagino que queiram produzir mais na agricultura ou na pecuária – Sid responde.

- Isso é bom? Nós, por exemplo, a população consumidora ganha com isso?

- Logicamente que é bom produzir mais comida – Tetê responde.

- Por quê?

- Leo, você está um saco! – Tetê se irrita de vez.

- É sério. Por quê?

- Além de aumentar a oferta de alimentos, gera empregos, arrecada mais impostos e outras coisas, que não estou imaginando no momento – Sid dá uma resposta mais completa.

- Você concorda com o Sid, Tati?

- Sim.

- Vejam... em pouco tempo, nós concluímos que existem aspectos positivos na mudança do Código Florestal; os pontos negativos já eram conhecidos. Portanto, chegar a uma conclusão na questão não é uma tarefa tão simples, pois é preciso considerar os dois lados para um julgamento melhor.

Sid é o primeiro a dar o braço a torcer:

- É, galera, acho que o Leo tem razão. Precisamos pensar mais e buscar mais informações para tomar partido. Não podemos incentivar uma campanha sobre o veto e, depois, perceber que cometemos uma injustiça com várias pessoas que trabalham no campo e que são prejudicadas por leis ambientais tão rigorosas.

Já Teresa era mais teimosa:

- Poxa, Sid, basta seu amiguinho falar algumas coisas para te convencer, não é? Que droga!

- Eu não convenci ninguém a ter uma opinião ou outra, Tetê. Se eu convenci vocês de algo, era da importância de julgar da melhor maneira e para isso vocês precisam de mais informações. Você não concorda?

- Não! Não mesmo. As alterações visam beneficiar os grandes fazendeiros.

- Pode até ser. Só que avaliar uma situação é algo tão importante que não posso considerar somente a minha intuição. Você diz que as alterações irão beneficiar um certo grupo. E os pequenos fazendeiros? Eles também serão beneficiados? Isso é uma informação importante? Você não está desconsiderando eles? – Leo esgota as chances de Tetê convencê-lo.

- Chega! Quer saber, Leo? Se você é a favor das alterações, pode fazer o que quiser! – E abandona a conversa de forma malcriada.

- Espere, Tetê, eu não sou a favor...

A amiga ouve e olha para trás. Leo completa:

- ... Nem contra. Na verdade, eu ainda não sei.

Tetê faz um gesto mal educado e parte para outro canto do pátio. Leo volta-se para os amigos que restaram:

- Será que eu falei algo tão insano assim?

- Não, relaxa, Leo. Você conhece a Tetê e sabe como ela faz questão de estar sempre certa – Sid tenta colocar panos quentes.

- É, você tem razão.

- Deixe que eu falo com ela.

Sid parte na direção de Teresa para acalmá-la e impedir uma briga de verdade entre os amigos. Tati coloca a mão direita no ombro de Leonardo e diz:

- Leozito, você sabe que eu sou ligadona na natureza e em tudo que é zen. Ouvir você falar de coisas boas na mudança do Código Florestal é pesadão para mim. Porém, tenho que reconhecer que você mandou muito bem da defesa de sua ideia. Você está estudando Filosofia fora da escola?

- Mais ou menos. Por que a pergunta? Como descobriu?

- É que é uma das paixões do meu pai também. Estou acostumada com debates acalorados, pois meu pai promove várias reuniões lá em casa com amigos apreciadores da arte de pensar.

- Fico feliz que tenha percebido, Tati.

Apesar da ira de Tetê, Leo fica feliz com o debate, pois acha que conseguiu praticar o que aprendeu na teoria sobre ironia e maiêutica. E mais do que isso, ele realmente gostou disso! Está sentindo-se mais inteligente e mais confiante.

* * *

CAPÍTULO 11

Leonardo chega a sua casa empolgado com o debate que travou com seus amigos e mais ainda com seu desempenho. Abre o computador e procura a recomendação de Fred, para continuar seus estudos filosóficos. O pedagogo indicou que ele pesquisasse sobre Platão e a Alegoria da Caverna e assim ele faz.

PLATÃO E A ALEGORIA DA CAVERNA

Platão (424 ou 423 a.C. – 348 ou 347 a.C.) foi o mais importante discípulo de Sócrates. Como já vimos, é difícil separar com precisão as filosofias de Sócrates e de Platão, pois boa parte da filosofia socrática é exposta em textos platônicos, e a influência do mestre no aluno é imensurável. Contudo, se Sócrates foi um filósofo central na história do pensamento e contribuiu para definir a própria prática filosófica, foi Platão quem tornou a filosofia socrática evidente e, partindo dela, lançou praticamente todos os problemas filosóficos que são debatidos até nosso tempo. Nesse sentido, foi Platão o mais importante dos filósofos, e Sócrates tem sua importância magnificada pela sua presença na filosofia platônica.

De fato, os trinta e seis diálogos e treze cartas atribuídas a Platão são textos que exploram problemas filosóficos atemporais: o que é o homem, como o homem deve agir, o que é a justiça, como um Estado justo pode ser organizado, o que é o bem e o mal, o que é o conhecimento, qual a fonte dos conhecimentos, qual a influência dos sentidos no conhecimento, o que é a linguagem, o que é o erro...

A tese mais importante da filosofia de Platão é a Teoria das Ideias, ou Teoria das Formas. Essa teoria parte do problema: como podemos utilizar conceitos (que são universais) para designar coisas particulares? Como podemos compreender os conceitos das coisas e aplicá-los a coisas particulares diferentes ou que nunca havíamos visto antes? Como, por exemplo, podemos conhecer o conceito de "cadeira", que pode ser aplicado a qualquer cadeira que exista, tenha existido ou venha a existir no universo, se não podemos conhecer todas as cadeiras? Como podemos reconhecer e chamar "cadeira" uma cadeira específica desde a primeira vez que a olhamos? Em suma: como podemos aplicar o conceito universal, absoluto, imutável, a coisas particulares, contingentes e transitórias?

A Teoria das Ideias tem uma resposta para esse problema. De acordo com ela, toda a realidade que acessamos por meio dos nossos sentidos é mera cópia, mera aplicação, das Ideias perfeitas, dos conceitos absolutos que existem em um nível de conhecimento que somente podemos atingir pelo desenvolvimento progressivo da nossa razão.

Platão descreve quatro níveis de conhecimento. O primeiro e mais baixo é o nível das sombras e reflexos das coisas no mundo acessível pelos sentidos, o nível das imagens que são cópias do que observamos com nossos sentidos. Podemos entender esse mundo como o do teatro, de uma novela de TV, do cinema – o mundo que copia aquilo que já é mera aparência.

O segundo nível mais baixo é o da apreensão das próprias coisas materiais pelos sentidos. É um nível de conhecimento mais nítido e verdadeiro do que o anterior, mas ainda é um conhecimento transitório e inseguro. É o conhecimento que se tem quando se toma simplesmente as coisas como parecem ser em sua particularidade.

Ora, um conhecimento que se constitui pelas particularidades não pode atingir o plano conceitual, pois os conceitos são universais que não podem ser obtidos pela mera observação de coisas individuais. Os conceitos, as Ideias ou Formas platônicas, dependem da ação da razão para que sejam conhecidos.

O terceiro nível, que já é um conhecimento seguro, é o dos conceitos geométricos e matemáticos obtidos por meio de figuras ou números. Nesse nível, que Platão chama de *dianótico*, já estamos no nível da generalidade; mas ainda estamos, de algum modo, presos no mundo dos sentidos – pois, segundo Platão, as imagens sensíveis continuam sendo importantes para o estabelecimento das operações da geometria e da matemática.

O nível mais elevado do conhecimento é o nível dos conceitos filosóficos puros, o nível que Platão chama *noético*. Conhecer o conteúdo do nível noético é conhecer a própria realidade, é conhecer a origem de todas as coisas do mundo das imagens, o que inclui tudo o que podemos apreender com nossos sentidos. Para Platão, conhecer o mundo noético deve ser o objetivo de todos os amantes do conhecimento, de todos os filósofos.

Platão acreditava que as pessoas que conseguissem vislumbrar o mundo noético, o mundo das Ideias, encontrariam dificuldades ao se relacionar com as que vivem somente no mundo das aparências. Para tornar mais fácil o entendimento de como um filósofo viveria no meio das pessoas que somente acreditam em aparências, Platão propõe uma metáfora, a famosa "alegoria da caverna".

Nela, algumas pessoas vivem dentro de uma caverna, acorrentadas de frente para a parede no fundo. Atrás das pessoas, sem que elas saibam, há uma fogueira e outros indivíduos que passam fazendo sombras.

Por somente conhecerem as sombras, os prisioneiros acreditam que elas compõem toda a realidade. Para Platão, essas pessoas assemelham-se a nós, quando somente acreditamos no que nossos sentidos informam. Quando alguém consegue sair da caverna, inicialmente fica ofuscado com a luz do Sol e nada vê; depois, se acostuma e começa a conhecer as coisas como elas são. A pessoa que "sai da caverna" é o filósofo, que apreende o mundo das Ideias. Ora, se a pessoa voltar para a caverna após viver sob a luz do sol, não terá imediatamente a mesma habilidade de enxergar na penumbra e parecerá um tonto; é assim que as pessoas veem a aparente falta de habilidade dos filósofos em agir no mundo comum.

Portanto, para Platão, o conhecimento que obtemos por meio dos nossos sentidos é falso, pois os objetos da sensibilidade são efêmeros e particulares. O único conhecimento verdadeiro é o conhecimento dos conceitos que definem as coisas de forma acabada e definitiva, pois esses conceitos são absolutos e universais. Por isso, é nosso dever deixar de lado o mundo dos sentidos e buscar conhecer, cada vez mais e por meio da razão, o mundo das Ideias, o mundo noético, ao qual os sentidos não conseguem acessar. Essa tese é chamada Teoria das Ideias, Teoria das Formas ou, simplesmente, Platonismo.

Sócrates fazia as perguntas, mas não as respondia; Platão, por sua vez, respondeu aos principais questionamentos filosóficos, formulando uma teoria que ainda hoje é muito influente nas ciências (especialmente na matemática) e no próprio senso comum.

Leonardo mais uma vez fica impressionado pelo nível de conhecimento dos gregos antigos. Depois de tanta informação, ele quer discutir tudo com o seu "mestre" Fred.

O garoto entra no Facebook e envia uma mensagem marcando um novo almoço.

* * *

CAPÍTULO 12

- Estou achando muito chique essa história de marcarmos almoço, em um restaurante, para conversarmos – Leo faz uma observação, enquanto cumprimenta Fred, que já o aguardava.

- É mesmo. Eu só faço isso com pessoas que querem me contratar para algum projeto – Fred responde.

- Ou para dar aulas particulares para amigos.

- Ou isso.

Leo acomoda-se e belisca um biscoitinho do *couvert* que está sobre a mesa. Fred pergunta:

- E aí, Leo? Como está indo o seu autodidatismo[31] em Filosofia? Fácil, não?

- É ruim de ser fácil, hein. Difícil pra caramba!

- Hahahahaha... Não exagere. Já falamos muito sobre Filosofia, quando estudamos Ética. Você já tem alguma prática.

- Mais ou menos.

Leo prepara um mini sanduíche, e Fred inicia os trabalhos:

- Falando sério, onde você parou?

- Resolvi marcar esse encontro, depois que li sobre a Alegoria da Caverna.

- As ideias de Platão são muito provocativas, não?

- Aham.

- O que você entendeu?

- Acho que ele faz uma crítica à alienação da população. Ele detona o fato das pessoas aceitarem as coisas como são apresentadas, sem questionamento. Assim como Sócrates, Platão valorizava a construção do verdadeiro conhecimento e criticava falsos sábios.

- Muito bacana, Leonardo. Acho que você alcançou as premissas[32] básicas de Platão. Vamos mais à frente, eu te pergunto: qual a função do mito da caverna?

- Acredito que foi uma história criada por Platão para demonstrar seu pensamento.

- Como assim?

- Ele acreditava que as pessoas comuns eram como os moradores da caverna, que passam a vida inteira sem enxergar as coisas como são na realidade, vendo

---

31 autodidatismo – aprender por conta própria

32 premissas – elementos considerados para uma conclusão

apenas sombras. Apesar disso, elas estão certas de que o mundo se resume àquilo, ou seja, que não há nada além daquilo que elas conseguem ver.

- E a pessoa que sai da caverna?

- Essa seria um filósofo. Alguém com um raciocínio mais apurado, que consegue ver além das sombras, como o mundo se apresenta de verdade.

- Eu disse que você conseguiria aprender sozinho.

Leo fica superfeliz com o elogio. Fred tem mais uma pergunta:

- Sabe, Leo, a maioria das pessoas considera Filosofia chata, porque não consegue aplicar todo o seu conhecimento na prática. Você entendeu muito bem a teoria. Agora, começamos essa jornada porque você tinha um problema. Você consegue ver alguma aplicação de tudo que aprendeu sobre Sócrates e Platão?

Leo conta sobre a conversa que teve no pátio com Teresa, Sid e Tati. Fala sobre a reação de Teresa, e como ficou satisfeito com sua atitude. Em vez de replicar o comportamento dos amigos, espelhado no discurso militante[33] da professora, ele questionou e, aparentemente, com as perguntas certas, já que os colegas deram respostas inesperadas e não conseguiram manter suas posições. Fred elogia e pergunta mais uma vez:

- E em relação à questão envolvendo sua namorada e o provável concorrente? Você gostaria de aprender mais sobre Filosofia para conseguir debater melhor. Já se sente melhor? Acha que ajudou?

- Sim. Aprendi muito pouco, mas acho que já está sendo útil. Sinto-me um pouco como os moradores da caverna. Era alienado e despreocupado com as coisas do mundo. Aceitava tranquilamente tudo que era apresentado. Simplesmente repetia o que os outros diziam. Não me preocupava com os rumos da sociedade e do planeta em geral. Por isso, me senti tão mal e fui esculhambado pelos meus colegas. Eu quero estar mais ligado, mas pretendo construir o conhecimento por escolhas próprias.

- Você se refere às "coisas do mundo"?

- Sim. Continuo sem saber muito sobre as coisas do mundo... hahahahha... – os dois gargalham. – Porém, se não saí completamente da caverna, como um filósofo platônico, eu já sei que o mundo não se resume às sombras, estou consciente de que preciso pensar para visualizar a realidade ou algo mais parecido com ela.

Fred bate palmas discretamente, demonstrando sua admiração pela construção de seu pupilo.

33 militante – que luta intensamente por algo em que acredita

- Muito bem, Leo. Estou orgulhoso de você. Como te disse anteriormente, ninguém se torna um grande filósofo de um dia para o outro. É um processo que precisa de vontade e dedicação, e você deixou isso claro, quando estudou sozinho sobre os filósofos clássicos.

- Valeu, Fred, Valeu pela força.

- E aí? Vai querer continuar?

- Hamm? Como assim?

- Ué! Você pensou que seria só isso?

- Não. Mas pensei que seria suficiente.

- Estar satisfeito ou não é um julgamento seu. Só continuaremos se você quiser.

Leo pensa bastante e dispara:

- Vamos pedir a comida, estou morrendo de fome. Penso melhor de barriga cheia.

- Hahahaha... Vamos sim.

Os dois chamam o garçom, pedem seus pratos e falam sobre amenidades, como futebol, fofocas e filmes, enquanto comem.

No final, durante a sobremesa, Leo retoma o assunto:

- Fred, você ficaria chateado se nós parássemos o nosso "curso" por aqui?

- De forma alguma. Fique tranquilo. Sou seu amigo e meu intuito sempre foi te ajudar. Nossas conversas e estudos não podem virar um fardo[34]. Tem que ser divertido.

- Não mesmo? Falo isso porque a chapa está esquentando na escola. Várias matérias novas, deveres de casa etc. O tempo está curto. Você entende?

- Leo, sempre te disse que devemos ser sinceros, falar a verdade, aquilo que sentimos. Eu sempre falo a verdade para você, tenha certeza.

- Ok.

Os amigos cumprimentam-se com um forte aperto de mão. Fred pede a conta e faz questão de pagar.

- Poxa, Fred, te uso como professor e nem a conta você deixa eu pagar!

- Melhor assim. Você fica me devendo e terei a certeza de que almoçaremos novamente.

- Está bem. Fechado.

* * *

---

34 fardo – pesado

Depois de despedir-se de Fred, Leonardo pega o rumo de casa. Ele caminha pela praça de alimentação no sentido da escada rolante. Nesse momento, seus olhos encontram uma imagem que chama a atenção. Ao longe, ele enxerga uma menina de cabelos loiros, que parece rir animadamente. Ele passa a observar com mais cuidado, porque a menina parece muito com Helena. O garoto decide, então, aproximar-se para conferir.

Chegando mais perto a confirmação: é Helena e ela não está sozinha. Sua namorada está sentada a mesa com alguém, que deve estar contando piadas engraçadíssimas, pois ela não para de rir. Aproximando-se, um susto. Leo reconhece a companhia de Helena: João Felipe, o "concorrente". O garoto para de caminhar e quase que se esconde, atrás de uma pilastra:

- *Não é possível! Lena e aquele pela-saco juntos!!! Como pode? O que está acontecendo???*

Leo congela. Não sabe o que fazer. Ir até os dois e tirar satisfação? Ligar para ela e perguntar onde ela está? Abstrair[35] a imagem e continuar levando a vida normalmente? O garoto acabou de falar sobre Filosofia, mas não tem ideia do que fazer.

Escondido, observa um pouco mais a imagem dos dois. Repara que eles não se tocam, apenas conversam.

- *Pode não ser nada. Vou até lá* – em um rompante de otimismo.

Ele sai de trás da pilastra, mas "amarela" logo em seguida.

- *Poxa, não vou lá mesmo! Sei lá o que eles estão fazendo! Vou pagar de corno assim de bobeira.*

Helena e João Felipe levantam-se da mesa. Leonardo se desespera:

- *E agora???? Eles podem me ver. Vou partir!* – Vira-se rapidamente para o sentindo oposto e anda apressadamente, quase correndo.

No caminho de volta para casa, mente e coração de Leo misturam ódio e dúvidas. Será que a Helena o está traindo? A confiança nela, que era tão grande, foi destruída em um instante e ele sente-se como se o chão tivesse desabado. Agora, que o garoto está perdido, será que ele buscará ajuda nas lições sobre Filosofia?

---

35 abstrair – não levar em conta

PARA PENSAR...

1) Qual a diferença entre estudar Filosofia e aprender frases de efeito?
2) Você concorda com Fred, quando ele diz que pensar é difícil?
3) Leo conclui que, para compreender o mundo, ele não poderá ficar limitado aos ensinamentos de Fred. Você concorda?
4) Como você resumiria os ensinamentos de Sócrates?
5) Você concorda com Leo, quando ele diz que seus amigos precisam de mais informações para tomar partido sobre o caso do Código Florestal e outros assuntos?
6) Como você resumiria os ensinamentos de Platão?
7) Assim como Leo, você se sente(ou já se sentiu) como um prisioneiro da Alegoria da Caverna?

Lição 2: Questione os paradigmas

CAPÍTULO 13

Depois de presenciar Helena e João Felipe almoçando juntos, Leonardo procurou seu tio, para desabafar e ouvir conselhos. Xandão disse: "Leonardo, não há nada demais no que você viu. Qual o problema de Helena almoçar com um colega? Confie nela". Como não era o que o garoto queria ouvir, ele não se convenceu.

Já é noite quando ele chega a sua casa, após essa conversa. Carlos e Joana, que assistem à televisão na sala, cumprimentam o filho, que dá uma resposta monossilábica[36], enquanto atravessa rapidamente a fim de não dar pistas de seu estado. Nada contra os pais, ele só não quer ficar respondendo a um questionário e explanar seu estado, agora.

No seu quarto, Leonardo deita em sua cama, muito bolado:

- *Poxa, o que eu fiz para merecer isso? Meu tio disse para não desconfiar porque não quer me ver triste, só pode ser isso. Só posso parar de pensar assim, se ignorar o que vi. É como se eu mentisse para mim mesmo. Não consigo aceitar isso...*

O pensamento o ajuda a lembrar-se de outro amigo. Fred parece ser a pessoa mais inteligente e verdadeira que ele conhece, portanto não mentiria para ele. Leo levanta-se em um pulo e resolve buscar o pedagogo no Facebook.

- Fred? Você está aí?

Nenhuma resposta. Leonardo tecla novamente:

- Fredddddd???????

- Oie! Muita calma! O que houve?

- E aí?

- E aí, digo eu. Que nervosismo é esse?

- Ah... Foi mal. Estou nervoso mesmo.

- Nervoso e consciente... Hummmm... Deve ter explodido uma bomba aí.

36 monossilábica – palavras de uma sílaba, respostas curtas

- Quase isso.
- Conte-me.
- Peguei a Helena me traindo.

Fred leva uns trinta segundos para responder:

- Pegou no flagra?
- Aham.
- Como foi esse flagra? Você a viu beijando outro menino?
- Beijando não.
- Como foi então?
- Eu os peguei almoçando juntos.
- Só isso?
- E você acha pouco?
- Não. Não é isso.

Leonardo não tecla, e Fred resolve explicar:

- Quero dizer que não julguei a situação, não acho pouco nem muito. A questão não é essa.
- E qual é?
- A questão é: será que a sua avaliação está correta?
- Continuo sem entender.
- Você acha que a sua namorada te traiu ou está te traindo, certo?
- Sim.
- Então, primeiro devemos definir o que é uma traição.
- Poxa... Isso não é óbvio??? – O garoto responde irritado.
- Não. Acredito que as pessoas possuem concepções diferentes sobre o que é uma traição. Se quiser a minha ajuda, terá que responder essa questão: o que é uma traição para você?

Leonardo analisa se quer mesmo entrar nesse debate. Mas como já discordou de seu tio, não pode abdicar[37] da opinião de Fred. Então, apesar de toda dor, responde:

- Se ela estivesse beijando o "caipira", estaria me traindo.
- E o que mais?
- Não preciso dizer, né. O que rola depois do beijo?

Fred ri, mas não demonstra isso via computador. Ele continua com sua argumentação:

- Então, podemos considerar o beijo uma fronteira, ou seja, tudo antes de um beijo pode e tudo depois não?

---

37 abdicar – desistir, renunciar

- Acho que sim.
- Ela pode abraçar o colega, certo?
- Sem muita vontade pode.
- Hahahaha... E você a viu abraçando o colega?
- Não.
- Você a viu beijando o colega?
- Não.
- Você a viu fazendo algo além de um abraço ou beijo?
- Não vi.
- Não estou entendendo. Pensei que você tinha dito que ela tinha te traído.

Xandão havia tentado convencer Leo disso, de que não tinha nada demais em Helena almoçar com João, mas ele não tinha a capacidade de analisar uma questão como Fred. O garoto tecla:

- Você está parecendo um sofista.
- Não mesmo. Eu não tentei te convencer de nada. Não usei de persuasão[38]. Quando começamos o debate, eu não sabia a conclusão que chegaríamos. Se você tivesse me dito que considerava almoçar com um colega uma traição, eu concordaria com o seu julgamento.
- Está bem. Mas ainda não estou certo sobre isso. Continuo muito decepcionado e irritado.
- Entendo. Acho que você tem motivos para isso.
- Por que você diz isso?
- Certos paradigmas são muito fortes em nossa sociedade e provocam leituras erradas.
- Para... o quê?
- Paradigmas são modelos mentais, como se fossem pensamentos viciados, que podem ajudar ou atrapalhar, mas de uma forma geral congelam nossa análise crítica.
- Explique mais, pois continuo boiando.
- Visualize comigo: uma mulher grávida sai apressadamente chorando de um consultório médico. O que você acha que aconteceu?
- Ela perdeu o bebê.
- Está vendo só. Isso é um paradigma. Você já viu essa imagem em novelas, filmes etc e acha que todas as situações são iguais, porém não

38 persuasão – ato de convencer

são. Pode ser que ela esteja chorando de felicidade porque seu bebê está saudável, pode ser que ela tenha recebido uma ligação dizendo que alguém próximo morreu, o médico pode ter tentado abusar dela entre outras inúmeras possibilidades.

- Acho que entendi.

- Voltemos a sua situação. Vou te apresentar outra forma de pensar a situação. Pergunto-lhe: toda a vez que alguém estiver almoçando com outra pessoa, que não seja contraparte afetiva[39], ela estará traindo?

- Não. Nem sempre. Mas muitas vezes sim.

- Aha! Este é um erro muito comum. As pessoas chegam a conclusões erradas, pois usam de **indução** em vez de **dedução**, como foi o seu caso.

- Não sei o que é isso.

- Vou usar o seu exemplo para esclarecer. A partir de algum momento de sua vida, você passou a acreditar que uma menina almoçando com um menino, que não é seu namorado, está traindo ele. E não só isso, você começou a generalizar, a acreditar que todas as meninas que fazem isso estão traindo, e o seu caso não seria diferente. Resumidamente, ao transformar um caso particular em uma generalização, você está usando o método indutivo e seu julgamento poderá estar errado. Por exemplo, hoje eu almocei com uma amiga muito antiga. Será que eu estava traindo a minha esposa?

- Pelo que eu te conheço não.

- Então:

Tenha cuidado com as generalizações

Leo e Fred passam um bom tempo conversando pela *web* e o sono chega forte, quando o garoto se acalma:

- Bacana isso, Fred.

- Está mais tranquilo?

- Estou sim. Acho que é mais sono do que a sua explicação. Vamos ver amanhã.

- Ok. Também preciso ir. Preciso evitar ficar muito tempo na internet, minha mulher tem reclamado muito.

---

39 contraparte afetiva – parceiro(a) afetivo(a)

- Até você?

- Aham. Você acha que eu não tenho defeitos?

- Vou te pedir mais um favor. Mande uns *links* para eu pesquisar sobre essa parada de indução e dedução.

- Isso é mole, não precisa de *link*. Pelo Google você acha coisas boas, bem escritas, sem erros. Mandarei *links* com outros assuntos correlacionados.

- Está bem. Valeu mesmo mais uma vez. Obrigadão!

- Espero que ajude. Me ligue amanhã para dizer como está.

- Pode deixar.

Os dois se despedem. Fred desliga o computador e corre para sua cama e sua esposa, para marcar presença. Leo ainda tem energia para uma rápida pesquisa sobre **métodos de raciocínio.**

MÉTODOS DE RACIOCÍNIO: DEDUÇÃO E INDUÇÃO

Existem dois principais tipos gerais de argumentos: os argumentos **dedutivos** e os argumentos **indutivos**.

Os argumentos **dedutivos** são estritamente lógicos. Isso significa que, dada a verdade de suas premissas, a sua conclusão é necessariamente verdadeira. Em outras palavras, a conclusão é direta e necessariamente derivada de suas premissas.

Um exemplo de argumento dedutivo é:

Todos os estudantes daquela turma são inteligentes.

Pedrinho é estudante daquela turma.

Logo, Pedrinho é inteligente.

Ou seja: se é verdade que todos os estudantes daquela turma são inteligentes, e se é verdade que Pedrinho é estudante daquela turma, então necessariamente será verdade que Pedrinho é inteligente. Como se nota, um argumento dedutivo parte de uma afirmação geral pré-determinada (todos os estudantes daquela turma são inteligentes) para chegar a uma conclusão a respeito de um caso específico (a inteligência de Pedrinho). Os argumentos dedutivos são exatos: caso o argumento parta de afirmações verdadeiras e seja construído de acordo com as regras da lógica, a conclusão será perfeitamente verdadeira.

Daí vem o limite dos argumentos dedutivos: eles precisam de conhecimentos prévios verdadeiros para que funcionem; não funcionam quando os conhecimentos prévios sobre o assunto são imprecisos ou insuficientes.

Os argumentos **indutivos**, por sua vez, não são argumentos estritamente lógicos. Eles não partem de uma afirmação geral pré-definida, mas de um conjunto de casos singulares; a partir desses casos singulares, conduzem a uma conclusão que é uma generalização ou uma previsão.

Um exemplo de argumento indutivo é:

No quinto ano do ensino fundamental, Pedrinho passou direto em Matemática.

No sexto ano, Pedrinho também passou direto em Matemática.

No sétimo ano, Pedrinho passou direto igualmente.

Logo, Pedrinho sempre passa direto em Matemática.

Ou seja: a partir do fato de que Pedrinho passou direto em Matemática nos três últimos anos, pode-se fazer uma generalização e afirmar que ele sempre passa direto. Esse é um argumento indutivo por generalização. Mas evidentemente essa generalização não pode ser considerada uma certeza: afinal, Pedrinho pode não passar direto no oitavo ano.

Outro exemplo:

No primeiro bimestre, Pedrinho tirou 9,0 em Filosofia.

No segundo bimestre, Pedrinho também tirou 9,0 em Filosofia.

No terceiro bimestre, Pedrinho igualmente tirou 9,0 em Filosofia.

Logo, no quarto bimestre Pedrinho deve tirar 9,0 em Filosofia.

A partir do fato de que Pedrinho tirou 9,0 em Filosofia nos três bimestres anteriores, pode-se prever que tirará 9,0 no último bimestre. Esse é um argumento indutivo por previsão. Naturalmente, essa previsão é mera probabilidade; ela não tem valor de certeza, pois Pedrinho pode não tirar 9,0 no último bimestre.

Um argumento indutivo, portanto, não é um argumento completamente confiável: ele parte de um conjunto limitado de fatos e, daí, leva a uma conclusão que vai além dos fatos observados. A conclusão de um argumento indutivo não é, do ponto de vista lógico, verdadeira nem falsa: é simplesmente mais provável ou menos provável, de acordo com a quantidade de fatos observados. E esse é o limite dos argumentos indutivos.

Em nosso dia a dia, utilizamos, sem perceber, tanto argumentos dedutivos quanto argumentos indutivos. Ao saber o alcance e os limites dos argumentos dedutivos e indutivos, temos à nossa disposição mais instrumentos lógicos para conhecer o mundo e para tomar decisões.

*

CAPÍTULO 14

No dia seguinte, depois da escola, quando chega a sua casa, Leo decide refletir mais sobre as ideias de seus amigos. Além de Xandão e Fred, Sid também deu a mesma opinião e disse: "Ah, camarada, isso não quer dizer nada". Agora, não tem mais ninguém a recorrer, pois todos, que ele se sente à vontade e confia, concordaram. Ele, de fato, precisa pensar mais sobre a questão.

Deitado em sua cama, encarando o pôster do Batman no teto, ele relembra as diversas vezes em que esteve enganado. Quando viu Sid pela primeira vez, por exemplo, teve certeza que ele era um garoto chato e inconveniente. Teve aquela vez em que tinha absoluta convicção de que tinha tirado uma nota alta em Ciências, quando tinha se ferrado. E quantas e quantas vezes isso aconteceu. Ele poderia estar errado mais uma vez, por que não? Como Fred disse, ele poderia estar fazendo uma generalização injusta. Cansado, ele acaba caindo no sono.

Leonardo acorda no meio da tarde e resolve papear com alguém. Entra no Facebook em busca de Sid ou Tetê, mas não encontra nenhum dos dois. Ele percebe que recebeu uma mensagem, abre e encontra um recado de Fred: "Garoto, se quiser apurar a sua forma de pensar, entre nesses *links* e estude sobre **Descartes** e seu método de pesquisa".

- *Está bem, Fred. Vou estudar mais um pouco sobre o que você está indicando* – pensa com alguma preguiça, que se transforma em empolgação durante a leitura.

DESCARTES E O MÉTODO CIENTÍFICO

René Descartes (1596-1650) viveu na época em que ocorria uma transição entre duas formas de compreender a realidade: a medieval tardia, com sua confiança na lógica e na argumentação rigorosa, mas com o uso constante do argumento da autoridade (tanto dos filósofos da tradição quanto das Escrituras), e a moderna, que, impulsionada pelas descobertas cosmológicas feitas por meio da observação dos astros com o uso do telescópio, não rejeitava o uso da lógica (e, em particular, da matemática), mas enfatizava a necessidade da experimentação com a Natureza.

Descartes é considerado um dos mais importantes dos primeiros filósofos da Modernidade porque tentou preservar o que considerava vantajoso na tradição medieval tardia, notadamente, o rigor lógico-argumentativo, com o projeto moderno de conhecer a Natureza para controlá-la. Nessa linha, foi um dos primeiros a enfatizar a necessidade da fundamentação do conhecimento *antes* da busca pelo conhecimento na Natureza. Em outras palavras, Descartes propôs que, antes de sair fazendo ciência, seria necessário formular um *método* que permitisse a certeza sobre o conhecimento que seria obtido.

E mais: para Descartes, não bastava ter uma certeza advinda da experiência – afinal, a experiência, por si só, não constitui garantia da validade de qualquer outra experiência nem de teoria alguma, pois não existe nenhuma evidência obtida da própria experiência que autorize a generalização de um resultado particular. Não se pode fazer uma extrapolação de um dado observado para além dos limites do próprio dado.

O nome da atitude filosófica que afirma a impossibilidade de se conhecer verdadeiramente qualquer coisa a partir da experiência é *ceticismo*. O ceticismo era adotado, na época de Descartes, por muitos intelectuais, que não sabiam como justificar a certeza a respeito dos conhecimentos. A ideia de que era possível e necessário obter a certeza justificada para qualquer conhecimento verdadeiro foi a motivação de Descartes ao construir sua filosofia. Para chegar a seu objetivo de fundamentar o conhecimento verdadeiro, Descartes propôs quatro regras e uma atitude geral.

A primeira regra para se obter o conhecimento verdadeiro seria jamais aceitar algo como verdadeiro se não se tiver absoluta certeza; caso reste a mínima dúvida possível, não se deve aceitar a proposição como verdadeira.

A segunda regra é dividir um problema em tantas partes quando forem possíveis, pois é mais fácil resolver uma parte de um problema do que o problema inteiro de uma só vez.

A terceira regra é resolver primeiro as partes mais simples do problema e seguir progressivamente para as partes mais complexas.

A quarta regra é revisar o procedimento quantas vezes forem necessárias para que se tenha a certeza de que nada foi omitido.

A atitude geral que se deve ter ao buscar o conhecimento verdadeiro é derivada da primeira regra: é a atitude do *ceticismo metodológico*. Descartes propunha que se deve sempre manter uma dúvida cética em relação a todos os conhecimentos, exceto em relação àqueles que foram demonstrados como evidentes e indubitáveis. Esse ceticismo metodológico não é, contudo, um ceticismo real: não se deve *realmente* duvidar dos conhecimentos que não foram plenamente demonstrados, mas apenas admitir a possibilidade de que sejam enganosos.

As quatro regras e a atitude do ceticismo metodológico visam a conquistar a verdade que corresponda à razão e que não possa ser contradita pela lógica. No fundo, a proposta de Descartes era a fundamentação e a justificação de todo o conhecimento por meio do exercício da racionalidade. Um conhecimento somente pode ser considerado verdadeiro se for absolutamente evidente à luz da razão.

Por essa razão, Descartes ficou conhecido na história da filosofia como um exemplo de filósofo *racionalista*: para ele, a verdade somente podia ser conhecida ao se seguir um procedimento racional (ou seja, lógico, geométrico e/ou matemático) para obtê-la e justificá-la.

A valorização do processo racional, na filosofia cartesiana, significou a desvalorização do processo experimental. Descartes acreditava ser capaz de *deduzir* logicamente o funcionamento da Natureza a partir da lógica. E, efetivamente, produziu uma física alternativa à de Galileu (quem comprovou, por meio do telescópio, que a Terra gira em torno do Sol, e propôs inúmeras explicações que associavam a geometria à experimentação para os movimentos dos corpos). Mas a física de Descartes não vingou: embora fosse feita de deduções a partir de conhecimentos racionais, não correspondia à realidade da Natureza.

De qualquer modo, o método de Descartes, que utilizava as quatro regras para alcançar a certeza, tornou-se importante na matemática e nas ciências e pode ser utilizado, até hoje, para resolver inúmeros problemas teóricos e práticos. Descartes não conseguiu justificar absolutamente todos os conhecimentos verdadeiros; também não conseguiu produzir uma física adequada à realidade; mas inventou quatro regras que podem ser muito úteis em nossa vida cotidiana.

Terminada a leitura, Leonardo volta para o Facebook e envia mensagem para Fred:

- Quando posso passar no seu consultório para conversarmos?

* * *

CAPÍTULO 15

- Olá, Leo. Seja bem vindo, depois de tanto tempo.

Fred abre a porta e recebe Leonardo.

- E aí, Fred, beleza?

- Sim. Tudo certo.

- Nossa! Não mudou nada desde a temporada que passei aqui, três anos atrás – as recordações do garoto sobre o consultório do amigo pedagogo batem com o que ele está observando.

- É... Eu sou um pouco conservador e despreocupado com esse lance de decoração.

- Eu também. Só consegui lembrar porque guardo lembranças muito bacanas daquela época.

- Vamos entrar?

O pedagogo convida o amigo para sair da sala de espera e entrar no consultório propriamente dito. Leo, educadamente, pergunta mais uma vez:

- Tem certeza de que não estou atrapalhando?

- Fique "sussa", como vocês costumam dizer. O meu aluno dessa hora viajou e desmarcou a consulta.

- Você ensina Ética para ele?

- Não. Trabalhamos Comunicação.

- Como assim?

- É outra área que desenvolvi conhecimento. Eu acredito que a maioria dos problemas das pessoas não est**ão** relacionados com a falta de ética, egoísmo ou algo parecido. Acho que não sabemos nos comunicar.

- E você ensina isso?

- Mais ou menos. Sigo a mesma metodologia que apliquei com você. Eu te ensinei Ética?

- Acho que debatemos e aprendemos juntos.

- É a mesma coisa. Eu tenho algum conhecimento prévio, que divido com meus alunos-clientes. Eu conduzo a conversa para que no final ocorra uma aprendizagem.

- Parece com Sócrates.

- Só parece, é difícil comparar, pois Sócrates foi um gênio.

- E as pessoas pagam por isso?

- Sim. Aquelas que acham o conteúdo importante.

Fred corta a conversa para ser mais objetivo:

- Bem... Sugiro que aproveitemos nosso tempo da melhor maneira. Sinto que você resolveu me procurar depois que estudou sobre Descartes, é isso?

- Aham.

- Pode mandar sua primeira pergunta.

- Por que Descartes fala para duvidarmos de tudo? – o garoto dispara objetivamente.

- Descartes era um racionalista. Ele valorizava demais o poder da razão e desconfiava de todos os *imputs* que não passassem pelo filtro da análise factual e racional.

- Não entendi muito bem. Como assim?

- Primeiro, para entender o método cartesiano, você precisa captar o contexto. Descartes foi um dos precursores[40] do pensamento científico moderno. Antes reinava o pensamento medieval, que se baseava na lógica e no argumento da autoridade, principalmente a religiosa. Descartes também era religioso, mas acreditava que muito da ciência de seu tempo estava errada. Para combater o falso conhecimento "científico" da época, ele formulou regras para obter o conhecimento mais claro e distinto[41] possível a respeito da realidade.

- Bacana o que você falou. Muito bonito, mas ainda não entendi totalmente.

- Vamos buscar um exemplo mais próximo de você. Diga-me algum assunto ou projeto que você esteja fazendo na escola.

- Ontem, eu pesquisei sobre o Relatório Brundtland.

- O relatório sobre sustentabilidade?

- Isso mesmo.

- Você tem trabalhado essas questões ambientais na escola?

- Aham.

- Vamos falar então sobre o aquecimento global. Pode ser?

- Ok.

- Conheço alguma coisa do Relatório Brundtland. Ele fala sobre problemas que podemos ter no futuro devido ao tamanho da população, aos níveis de consumo e poluição.

- Sim.

- Você se preocupa com o aquecimento global? Acha que é um problema sério?

- Logicamente que sim.

---

40 precursores – que iniciaram algo

41 distinto – diferente

- E se eu dissesse para você que é uma invenção da mídia, que é uma baita mentira.

Leo fica em silêncio sem saber o que responder, com medo de que seja alguma pegadinha.

- Diga, Leo, e aí? Você acreditaria em mim?

- Não.

- E por quê?

- Não é possível que seja mentira. Vemos notícias sobre isso em todos os jornais, todas as pessoas falam sobre isso... Não é possível que todos estejam enganados.

- Durante séculos, a humanidade acreditou que a Terra era plana. Todos falavam sobre isso, nas praças, igrejas e escolas. As pessoas consideradas mais inteligentes concordavam nisso. Se alguém contrariasse, era considerado maluco. Aí, no início da era moderna, alguns corajosos começaram a questionar e buscar provas para aquilo que todos acreditavam.

- E o que aconteceu?

- Bem, alguns terminaram queimados em fogueiras, e devemos muito a esses cientistas e filósofos. Foi uma verdadeira revolução. Consegue imaginar?

- É difícil.

- Entendo. É como se o mundo desabasse sobre nossos pés. Como seria descobrirmos que vivemos acreditando em um mundo de mentiras?

- Exato. Igual aquele filme Matrix.

- Isso mesmo. Esse filme é uma metáfora da Alegoria da Caverna, mas serve também para explicar o princípio da dúvida de Descartes. Aproveitando o seu exemplo, se você vivesse na Matrix, como no filme, você gostaria de saber? Optaria por sair, mesmo sabendo das consequências?

- Sem dúvida. Odeio mentiras. Já pensou viver uma vida inteira sendo enganado?

- Compreende, agora, o que Descartes quis dizer com duvidar de tudo?

- Ele não queria duvidar por duvidar, não é?

- Não mesmo. Ele queria dizer que tudo que não é fato, que não é deduzido pela razão não pode ser considerado verdade. Você já viu a temperatura do planeta subir como alguns cientistas alardeiam[42]?

- Não.

- Já viu o nível dos mares subir na praia?

- Não.

---

42 alardeiam – divulgar com intensidade

Fred fica mudo, como se a conclusão de seu raciocínio fosse óbvia. Leonardo está confuso.

- Fiquei meio perdido agora, Fred. Você está dizendo que os problemas ambientais são inventados, que é tudo mentira?

- Não mesmo. Não falei isso. Existem modelos que preveem uma verdadeira catástrofe se a temperatura da Terra subir dois graus Celsius. Eu tenho medo que isso aconteça. Entretanto, existem outros que minimizam os fatores antrópicos[43], ou seja, consideram que a humanidade não é capaz de aquecer o planeta a níveis que afetem a vida.

Leo está mais confuso. Fred continua explicando:

- O objetivo da minha fala é mostrar que, assim como Descartes duvidou dos dogmas e das verdades pseudocientíficas do tempo anterior ao dele, você não deve aceitar passivamente "informações" sem comprovação. Ao duvidar e questionar, você aprenderá mais e sofrerá menos com paradigmas errados e mentiras.

Leonardo balança a cabeça em concordância, mas não percebeu aonde Fred queria chegar. O pedagogo repete em tom de "preste atenção".

- Compreendeu, Leo:

Não aceite como verdade aquilo que não foi provado

- O que você quer dizer?

- Eu vejo uma utilização prática para você, não?

- Não – Leonardo responde bancando o distraído.

- Você não tomou como verdade que a Helena estava te traindo pelo simples fato de vê-la almoçando com o colega?

Toinnnn!!! Fred dispara um golpe, e Leo vai à lona! Com o garoto de cabeça baixa, o pedagogo resolve ajudar:

- Não fique bolado, pois seu erro é comum. Não vivemos mais na época das trevas, quando a palavra dos membros da Igreja tinha mais peso que qualquer fato ou experiência científica. Entretanto, ainda temos diversos paradigmas infundados, como já te disse. Preste muita atenção: a Helena pode não estar sendo sincera com você, mas o que você viu não é suficiente para encerrar o julgamento.

Leonardo levanta a cabeça e olha para o amigo assustado.

- É verdade – explica Fred. – Em qualquer relação, corremos o risco de sofrermos por diversos motivos, inclusive mentiras e traição. Você precisa estar

43 antrópicos – relativo ao homem

consciente de que é um risco, não quer dizer que vai acontecer. No seu caso, você foi de um extremo ao outro. Não imaginava essa possibilidade e de repente acha que é uma verdade absoluta. Precisa ter um equilíbrio nisso.

Leo continua sem palavras e perdido em seus pensamentos. Fred olha para o relógio e percebe que precisa começar a se despedir do amigo adolescente:

- Leo, entendo que é muita informação e peço desculpas se eu exagerei de alguma forma. Porém, tenho certeza que agora você está mais preparado para pensar sobre as coisas do mundo, como você mesmo fala, e sobre vida particular.

O jovem olha para o amigo e responde:

- Não tenho certeza sobre isso. Talvez eu esteja mais confuso ainda. Mas em uma coisa você tinha razão: pensar é difícil!

* * *

CAPÍTULO 16

No mesmo dia, Leonardo chega a sua casa com a cabeça a mil. São muitas informações, reflexões, deveres de escola, hormônios, muito de tudo. Ele resolve descansar um pouco antes do jantar.

Sua mãe o chama para comer à mesa, junto com seus pais. Carlos e Joana tem se esforçado para manter o jantar em família. Leonardo está tão atolado com seus problemas, que nem se lembrou da briga que teve com o pai, na última vez. Já Carlos não esqueceu. Arrependeu-se de sua grosseria e está atento para fazer as pazes com o filho, que vê tão pouco. Sentados à mesa, o pai se esforça e puxa assunto:

- E aí, filhão, tudo bem? Como foi o seu dia?

- Bem.

Leo dá uma resposta seca, não por grosseria, mas por estar pensando em tudo que ele e Fred conversaram à tarde.

- Só bem? Fale um pouco mais. O que você aprendeu na escola?

- Nada demais. Somente umas coisas chatas de Matemática e Física.

O garoto parecia uma fortaleza impenetrável. Já do outro lado, Joana parecia irada com alguma coisa. Carlos resolve mudar o foco de sua atenção:

- Oi, meu amor, o que houve?

- Vou me candidatar à síndica do prédio, na próxima reunião – dispara em um tom tão irritado, que até Leo levantou sua cabeça para olhar o estado da mãe.

- Sério? Por que isso, agora?

Carlos pergunta sem entender. Joana mal frequentava as reuniões de condomínio e tinha aversão[44] a qualquer trabalho que não fosse remunerado.

- Você já viu como está a portaria do prédio??? Uma zona. Hoje, quando cheguei do trabalho, fui procurar o "seu" Severino e não o achei. Um absurdo!

- E o que você queria com o "seu" Severino, Joana? – Carlos dá espaço para Joana desabafar o que estava sentindo.

- Esqueci a minha chave e queria pegar as correspondências. E sabe o que mais? As plantas estão horríveis. A recepção está imunda.

Percebendo o estado dos nervos da esposa, Carlos escolhe não contrariar:

- É, meu amor, concordo com você. Está faltando cuidado por parte do síndico.

---

44 aversão – repulsa

Leonardo continua calado, apesar de ter prestado atenção ao diálogo. Carlos pergunta:

- E você, filho? Aprovaria sua mãe como síndica?

Joana olha para o filho na expectativa de ouvir a sua opinião. Ele resolve aproveitar a deixa para testar o que aprendeu com Fred:

- Vocês querem realmente saber a minha opinião?

Os pais se entreolham em um misto de "ele falou?!" com "é óbvio!".

- Vamos refletir sobre a situação começando com o problema. Primeira questão: você realmente avalia que a portaria não funciona de acordo com o desejado?

- Com certeza.

- Isso porque você não encontrou o porteiro, no momento em que você chegou?

- De certa forma sim.

- E você o esperou por quanto tempo?

- Eu não esperei.

- Você não sabe que ele, nesse momento, está sozinho na função, já que o "seu" Valdir está de férias? E que por isso ele pode ter ido resolver outro problema, como bomba d´água desligada, elevador parado ou portão magnético quebrado?

- Esqueci-me das férias do "seu" Valdir e não pensei nessas hipóteses.

- Então, nem problema nós temos certo?

- Negativo. Você criou possíveis explicações para a ausência do "seu" Severino. E o estado de manutenção da portaria?

- Como, por exemplo?

- Ué! O estado como um todo! Está tudo uma porcaria.

- Você vai continuar me ouvindo?

- Aham.

Carlos contemplava[45] o debate feliz da vida. Por um lado, estava orgulhoso de seu filho e, por outro, o garoto iria amaciar a "fera", o que pouparia seus ouvidos.

- Já que você tem certeza de sua avaliação, vamos analisar a situação, separando em fatos isolados para ficar mais fácil a compreensão, ok?

- Tudo bem.

Leonardo levanta-se, vai até à estante e pega caneta e papel. De volta à mesa, ele pede:

- Vamos listar os fatos que fizeram ou fazem com que você tenha essa avaliação. Vamos lá, número um.

- 1) "Seu" Severino não estava na portaria.

45 contemplava – observava, admirava

- Não. Isso não vale, pois já falamos dele e das justificativas de sua ausência. E, mãe, você nem esperou, ele poderia ter ido ao banheiro.

- Está bem – concorda com alguma dificuldade.

- Vamos de novo.

- 1) As plantas estão horríveis; 2) As paredes estão sujas; 3) O chão está imundo; 4) .... As plantas estão horríveis...

- Epa! Isso você já falou!

- É mesmo?

- É sim. Não vale contar duas vezes o mesmo item, né?

- Tudo bem.

- Você consegue pensar em outro fato, mãe?

Joana faz força e busca em suas lembranças algum outro elemento que justifique sua insatisfação com a portaria do prédio, mas não consegue:

- Não consigo pensar em nada.

- Então, são somente três fatos, certo?

- Sim.

- Vamos pensar sobre cada um deles, separadamente. Ajudem-me porque não tenho todas as informações do condomínio. Na última reunião, o síndico sinalizou a necessidade de cota extra para comprar novas plantas, mas foi voto vencido, não foi?

Joana olha para Carlos, como se não se lembrasse do fato. O pai de Leonardo balança a cabeça afirmativamente, concordando com o filho.

- A pintura do condomínio já começou, porém deram preferência para os corredores de cada andar, que não são pintados há mais tempo. Em seguida, irão para a garagem e depois para a portaria.

- Como você sabe disso? – Joana pergunta espantada.

- Está na circular exposta no elevador. Você não leu?

- Não. E o chão sujo? Não há desculpa para isso.

- Você não viu o caminhão de mudanças? Além disso, o fato de um porteiro estar de férias já justifica alguma compreensão a mais em relação à limpeza.

- Eu me rendo. E agora?

- Agora, acho que devemos juntar todos os fatos e justificativas, fazer uma síntese, ou seja, juntar novamente todos os elementos que foram desmembrados. Apesar de não ter restado nenhum fato contra a administração do condomínio... hehehehe.

Carlos entra na conversa:

- Joana, vocês nem colocaram na mesa os pontos negativos de ser síndica. Já pensou em todo trabalho a mais, só para deixar a portaria do seu jeito. Será que valeria a pena?

A mãe de Leo fica pensativa e chega à conclusão mais inteligente:

- Leonardo, você tem encontrado o Fred novamente?

* * *

CAPÍTULO 17

No dia seguinte, Leonardo chega à escola com um *mix* de desconfiança, reflexão e empolgação, já que é o dia da aula de História. A professora Roberta já tinha cativado o garoto no ano anterior e agora dispõe de mais tempos de aula.

Como sempre, ela entra superanimada em sala:

- E aí, turma? Tudo bem com vocês?

- Tudo – muitos respondem, inclusive Leo.

- Hoje, vamos falar sobre um tema muito interessante e crucial para entendermos o mundo como se apresenta nos dias atuais: a Revolução Científica.

Leonardo recorda-se de que Fred mencionou o tema, quando eles falaram sobre Descartes. Ele pergunta:

- Fessora, Descartes teve papel fundamental nessa revolução, não foi?

Todos olham para o garoto, se perguntando de onde ele tirou essa informação. Já a professora o elogia:

- Isso mesmo, Leonardo. Inclusive eu poderia começar a explicação por esse filósofo e matemático. Você poderia contar para a turma o que você sabe sobre ele?

Leo se meteu em uma encruzilhada, de um lado pode pagar o maior mico se falar besteira, por outro pode equilibrar o jogo com João Felipe, dando demonstrações que manja o assunto. Ele resolve arriscar:

- Descartes foi um filósofo que questionou as falsas verdades científicas de sua época e criou um método para construção do verdadeiro conhecimento, sem influência externa, utilizando apenas fatos comprováveis e a sua razão.

- Excelente resumo, Leozinho – Roberta elogia.

O garoto fica todo bobo e agradece. A professora pega o gancho e continua a explicação:

- O que o Leo falou está certo e sintetiza bem o que aconteceu na época. Essa revolução, como todas as demais, é um processo e teve culminância no século XVII. Nessa época, ocorreram algumas descobertas de técnicas (como a geometria analítica cartesiana) e tecnologias (como a luneta), que permitiram o homem a descobrir um mundo diferente daquele pregado pela Igreja. Assim, ocorreu um choque entre Ciência, feita a partir de experiências e cálculos matemáticos, e a Igreja, que se baseava em "verdades" pré-estabelecidas. E quem vocês acham que venceu essa disputa no longo prazo?

Ninguém responde. A professora prossegue:

- Poxa, gente, basta olhar para o nosso mundo hoje. Como ele seria se ainda acreditássemos que a Terra fica no centro do Universo e que não devemos fazer pesquisas e experiências?

- Não teríamos toda a tecnologia de que gostamos – Sid responde.

- Exato. No início, a Igreja perseguiu e até queimou na fogueira aqueles que iam contra seus dogmas. Porém, com o tempo não foi possível impedir os avanços científicos. Paralelo à Revolução Científica, ocorria o Renascimento Cultural e o fortalecimento do Humanismo. O ser humano passava a ser considerado tão capaz de criar e de dar sentido às coisas quanto Deus. Isso ia contra a filosofia da Igreja Católica, que defendia que o homem deveria aceitar, com fé e submissão, seu papel de criatura mais importante da Criação.

Atentos, todos os alunos ouvem a explicação, mas nem todos assimilam como todas essas informações podem ajudar em suas vidas privadas. Roberta, como é de seu feitio, provoca a reflexão:

- Todos entenderam?

- Aham – os alunos respondem.

- Então, vou fazer uma pergunta.

Aqueles que não gostavam de pensar odiavam essa hora, mas não Leonardo.

- Como isso pode ajudar a sua vida? O que mudou em você, depois que você aprendeu isso?

Como esperado ninguém responde. Roberta esclarece:

- Tudo bem, eu não esperava que ninguém respondesse. Entretanto, faço questão que todos pensem e exercitem isso, vocês sabem. Portanto, peço que vocês copiem o quadro que vou preencher agora e respondam essa pergunta no final, ok?

- Ahhhh...

- Que isso, fessora?!?!

Muitos protestos, como sempre, mas Roberta é firme:

- Não adianta reclamarem. Vamos lá – e dirige-se para o quadro a fim de colocar o resumo.

REVOLUÇÃO CIENTÍFICA

Entre o início do século XVI e o início do século XVII aconteceu uma grande transformação no modo de compreender o universo. Essa transformação é usualmente chamada "Revolução Científica".

Desde a Pré-História, o ser humano busca conhecer o seu lugar na ordem do mundo. Essa busca foi, durante milênios, associada à mitologia, pois não haviam sido criados e desenvolvidos meios de transmitir com exatidão o conhecimento acumulado por uma geração para outra; cada geração tinha que começar e recomeçar toda a ciência a partir do zero, e não existia a possibilidade de um projeto científico de longuíssimo prazo, como séculos ou milênios. A partir do momento em que a escrita alfabética se desenvolveu, as pessoas começaram a registrar o conhecimento obtido por sua geração; cada geração pôde, então, partir do conhecimento já consolidado pela geração anterior. Os conhecimentos foram se tornando cada vez mais precisos, até que, por volta do século VI a.C., na Grécia, os primeiros filósofos propuseram o projeto de separar a mitologia e a física.

Esse projeto dos gregos rapidamente deu frutos: a partir do século IV a.C., sábios gregos começaram a expandir o conhecimento sobre o cosmos. Aristóteles (384 – 322 a.C.), Hiparco (160 – 125 a.C.) entre outros propuseram hipóteses, fizeram demonstrações, como a esfericidade da Terra, e realizaram cálculos com precisões fantásticas, como a circunferência da Terra, a distância entre a Terra e a Lua e a duração de uma ano.

Finalmente, por volta do ano 150 d.C., o astrônomo Cláudio Ptolomeu (85 – 165) reuniu e sistematizou todos os avanços da cosmologia grega. No livro chamado "Almagesto", argumentou consistentemente a favor de um sistema geocêntrico, no qual a Terra, esférica, estaria imóvel no centro de um cosmos finito e igualmente esférico; a Lua e o Sol girariam em órbitas circulares em torno da Terra, enquanto Mercúrio, Vênus, Marte, Júpiter e Saturno girariam em epiciclos, ou seja, em órbitas que giravam em torno de pontos que giravam em torno da Terra.

O sistema cosmológico ptolomaico foi considerado, durante catorze séculos, o ponto mais elevado do conhecimento sobre o universo. Durante toda a Idade Média, o geocentrismo de Ptolomeu foi adotado por praticamente todos os sábios – afinal, ele estava de acordo com as aparências e permitia o cálculo e a previsão dos movimentos dos astros, dos eclipses, das estações.

Também a Igreja decidiu aceitar o sistema ptolomaico; além de funcionar e de estar de acordo com as aparências, era também coerente com as Escrituras. Segundo a perspectiva cristã, o homem era a criatura mais importante de Deus; era Sua imagem e semelhança, e deveria ocupar o lugar mais digno do mundo – ou seja, o centro de tudo, onde teria a visão de toda a Criação e de onde poderia utilizar a natureza. Ora, o mundo descrito por Ptolomeu era perfeitamente adequado a essa perspectiva religiosa. Portanto, a cosmologia tipicamente medieval foi a cosmologia ptolomaica.

Contudo, no ano de sua morte, o padre polonês Nicolau Copérnico (1473 – 1543) publicou o livro "Sobre a Revolução nas Orbes Celestes". Copérnico concordava com muitos aspectos do sistema ptolomaico – como a esfericidade da Terra e de todo o cosmos, que conteria uma esfera superior na qual estariam incrustadas todas as estrelas fixas, por exemplo. Mas retomava e defendia a tese proposta dezoito séculos antes por Aristarco: para Copérnico, o cosmos não era geocêntrico, mas heliocêntrico. O sistema copernicano não era muito melhor nem muito mais preciso do que o ptolomaico, mas tinha pelo menos uma superioridade teórica: permitia calcular melhor as distâncias relativas entre os planetas, em função do raio da órbita da Terra.

O livro de Copérnico foi bem recebido até pela Igreja, pois o padre Andréas Osiander, que escreveu o prefácio da obra, enfatizou que Copérnico apenas estava propondo um método coerente com as observações, e não um modelo real de como o universo funcionava.

As ideias de Copérnico foram divulgadas e examinadas nas décadas seguintes. Em 1609, Galileu Galilei (1564 – 1642), convencido da superioridade das teses de Copérnico, aperfeiçoou um modelo primitivo de telescópio e apontou o instrumento para o céu em quase todas as noites durante três meses. Descobriu acidentes geográficos na Lua, quatro luas de Júpiter, manchas solares no Sol; essas descobertas eram interessantes, mas não derrubavam definitivamente o sistema cosmológico anterior. A derrocada de Ptolomeu aconteceu quando Galileu descobriu um fenômeno que somente poderia ser explicado pelo modelo copernicano, e não pelo ptolomaico: a existência de fases no planeta Vênus, semelhantes às fases de nossa Lua. Feitas essas descobertas, publicou, com grande estardalhaço, um livro chamado "Mensageiro das Estrelas". Ao defender a posição de que não estava simplesmente formulando hipóteses (como haviam afirmado em relação à obra de Copérnico), mas revelando o funcionamento real do universo, Galileu teve problemas com alguns representantes da Igreja e foi acusado, em 1616, pelo Tribunal do Santo Ofício, a temida Inquisição.

O curioso é que Galileu era protegido pelo Papa Urbano VIII, que, inclusive, encorajou Galileu a publicar o "Diálogo sobre Dois Máximos Sistemas de Mundo"; e que o cardeal designado para cuidar do caso de Galileu na Inquisição, Roberto Bellarmino, nada tinha realmente contra o heliocentrismo – desde que fosse considerado mera hipótese, e não uma expressão da realidade. De qualquer modo, em 1633, dezessete anos após a acusação formal na Inquisição, Galileu foi convocado para seu julgamento; condenado por "forte suspeita de heresia", recebeu como pena a prisão domiciliar em sua propriedade rural, onde ficou até a morte, nove anos depois.

A despeito da reação da Igreja, a posição de Galileu foi vencedora. Conforme Galileu defendia, as pessoas passaram a não mais seguir uma idéia sobre a natureza só porque um filósofo antigo teria afirmado tal coisa, mas sim porque teriam observado e verificado com seus próprios olhos; as pessoas passaram a não mais explicar o universo a partir das Escrituras, mas sim a partir da sua própria experiência e da matemática, uma linguagem universal e aberta a todos que quiserem estudá-la. A Revolução Científica foi justamente a vitória do pensamento de Galileu: a valorização da experiência, da matemática e do conhecimento aberto e a derrota da autoridade, do obscurantismo e do dogmatismo no conhecimento do universo.

Depois de copiar o quadro, Leo emenda diretamente na questão proposta pela professora:

- *Acredito que muitas vezes nos deixamos levar por ideias que os outros sugerem. Quando digo outros, me refiro a amigos, família, mídia e nossa própria cultura, que é passada de geração em geração. Nem sempre essas ideias – ou paradigmas – são verdades ou implicam em respostas inteligentes e coerentes. Portanto, sempre devemos questionar aquilo que é colocado, buscar os fatos e usar a razão para tomar as decisões. Devemos sempre*

Questionar nossos paradigmas

Helena olha para o namorado concentrado e pergunta:

- Gostou da atividade, hein?

- Hamm... – o garoto está focado em sua resposta e não ouve direito.

- Está gostando tanto que deve estar inspirado. Posso ler?

Leo recolhe seu caderno rapidamente:

- Não! Respeite minha privacidade!

- Está bem. Não precisa ficar boladão – e faz um chamego no namorado. - Está bem, mas você me mostra depois.

- Um dia...

Depois dessa breve etapa, com papos com Xandão e Sid, ensinamentos de Fred e Roberta, Leonardo está quase cem por cento convencido de que sua conclusão foi pautada em modelos sociais defeituosos e não em fatos verídicos[45]. Mais confiante e capaz de tomar decisões mais inteligentes, ele está pronto para conversar com Helena e resolver a história.

PARA PENSAR...

1) Quando ajudou Leo, Fred começou definindo o que era traição, junto com o garoto. Por que ele fez isso?
2) Por que as pessoas fazem generalizações e ficam presas a paradigmas?
3) Quais os limites que os métodos dedutivo e indutivo apresentam para construir um conhecimento?
4) Como você resumiria o método científico?
5) Você concorda com Fred, quando ele diz que ao questionar você aprende e fica mais inteligente?
6) Responda também a pergunta proposta por Roberta: como os ensinamentos sobre a Revolução Científica podem modificar a sua vida

Lição 3: Aprenda com suas experiências

CAPÍTULO 18

- Poxa, Fred!!! Não te falei que o caipira estava a fim da Helena!

Fred abre a porta de seu consultório, e ouve Leo soltar cobras e lagartos.

- Calma, meu amigo. Entre primeiro – o pedagogo convida e o garoto entra demonstrando toda sua ira. Ele nem passa pela sala de espera, indo direto para o consultório propriamente dito.

- Sente-se e respire um pouco – Fred instrui.

- Não quero respirar!

- Mas você precisa... se quiser continuar vivendo...

Não parece momento adequado para deboches.

- Não vê o meu estado? Ainda vai ficar me sacaneando?!?!?!

- Foi mal. O humor é o tempero da vida, e você parece estar precisando de um pouquinho.

- Minha situação não é para ficar de zoação.

- Tudo bem, de acordo. Pelo menos trocamos algumas palavras, e sua respiração está mais pausada. Assim, nossa conversa deverá ser mais produtiva.

A estratégia de Fred para acalmar Leo funcionou.

- É... você tem razão.

- Está mais calmo? Pode me contar o que aconteceu?

- Posso sim.

Leonardo começa o relato da situação que o deixou tão irritado. Após presenciar Helena e João Felipe almoçando juntos, ele conversou com seus melhores amigos e todos foram unânimes em dizer que não havia nada demais, que o fato não concretizava uma traição. Mesmo assim, Leo não se convencera totalmente. Mas depois de um bate-papo com sua sogra, sobre a importância da compreensão e de respeito às diferenças, ele resolveu esquecer seu pré-julgamento e conversar com Helena e João Felipe, a fim de esclarecer a situação. Ele procurou João primeiro e o mesmo disse que estava, de fato, a fim de Helena.

Depois de ouvir empaticamente[46], Fred comenta:

- É, meu amigo, parece que o João Felipe está a fim de sua namorada.

- É sério??? Sua conclusão foi brilhante – Leo ironiza.

- E aí? – Fred faz um comentário vazio para ver a reação do garoto.

- E aí que aquela história toda de dúvida cartesiana, paradigmas e construção do conhecimento utilizando a razão foi tudo balela.

- É isso que você acha?

- Aham.

- E por que você acha isso?

- Não me ajudou em nada. Veja só a situação. Se eu mantivesse meu julgamento desde o início, estaria certo e menos chateado agora.

Fred nada responde. Mantêm-se em silêncio para dar mais espaço para Leonardo refletir.

- Estava tudo muito óbvio desde o início. Como eu pude me deixar levar? Você me enrolou. Foi isso que você fez.

Fred continua mudo, irritando Leo ainda mais.

- Você não vai falar nada??? Vai continuar quieto??? Quem cala consente!

E Fred nada responde. Continua a olhar para Leo, transmitindo compreensão, como se dissesse "você acredita mesmo nessas bobagens que está dizendo?". O silêncio de Fred contamina o ambiente e Leonardo fica mudo e de cabeça baixa por um bom tempo.

Depois, o garoto levanta-se, caminha pela pequena sala, mexe em alguns livros espalhados pela estante, abaixa mais a cabeça, vai até a janela, olha o movimento da rua e continua a refletir, enquanto Fred o observa com a mesma compaixão do início. Finalmente, o garoto olha para o pedagogo, que diz:

- Está vendo, nem sempre quem cala consente.

- É... preciso da sua ajuda – o garoto admite.

- Estou vendo. E estou aqui, como sempre, para te ajudar.

- Desculpe o desabafo. Você me conhece e sabe que eu não falei por querer.

- Eu sei. Mas você sabe?

- Como assim? Pegue leve hoje nos jogos de adivinhação.

- Você falou um monte de coisas. Eu gostaria de saber em que você realmente acredita.

- Sinceramente, não sei. Minha reação foi uma reprodução do que se passou na minha cabeça, ou seja, depois da conversa com o caipira, fiquei muito bolado

46 empaticamente – preocupando-se com o outro

contigo e concluí que essa história de Filosofia é uma grande enganação. Mas foi uma reação explosiva, fui tomado pela raiva e acho que não cheguei às conclusões mais inteligentes.

- Então, você acha que o que aprendemos foi besteira ou não?

- Não. Reconheço a importância, mas por hora acredito que é mais teoria do que prática.

- Como assim?

- Na teoria, foi tudo muito lindo o que vimos, tudo perfeitinho. Porém, o resultado na prática não foi o melhor. Veja, concluímos que o João Felipe não estava dando em cima da Helena e, agora, descobri que era verdade.

- Leo, vou discordar de você.

- Ué! Não foi isso?

- Não mesmo. Posso colocar como vejo a situação?

- Pode dizer.

- Tudo começou quando você me procurou transtornado afirmando que Helena estava te traindo. E de onde você tirou essa conclusão? A partir do momento que viu ela e o João almoçando juntos, certo?

- Sim.

- Aí aplicamos o pensamento racionalista cartesiano e concluímos que o fato relatado não comprovava traição e por isso você não precisava ficar transtornado. Aprendemos que não podemos fazer generalizações com situações que vemos, frequentemente, nas mídias e na cultura popular em geral, pois era isso que você estava fazendo.

- Isso. E a "generalização" – Leo faz gesto de aspas – não estava certa?

- Penso que não, a não ser que não tenha entendido o que você disse.

- Hammm???

- Você não disse que o João Felipe está a fim da Helena?

- Disse.

- Isso é outra história. Não discutimos isso ainda. Falamos sobre a situação do almoço e debatemos o que isso significava. Continuo acreditando que chegamos à melhor conclusão...

- Mas...

- Calma, ouça primeiro – em tom de bronca.

- Está bem.

- Uma coisa é "Helena está me traindo". Outra coisa é "João Felipe está dando em cima da minha namorada". Se tivéssemos debatido sobre essa segunda hipótese, provavelmente teríamos concluído que havia uma boa probabilidade de ser verdadeira.

- Você fala isso agora???

- Leo, utilizamos ferramentas filosóficas para resolver o problema que você trouxe. Concluímos que sua afirmação estava errada, ok. E depois? O que você fez?

- Ué! Nada. Não estava tudo resolvido.

- Não. Após o processo que desenvolvemos, você deveria estar menos neurótico devido a conclusões incoerentes e mais hábil para usar a razão a fim de realizar análises com mais qualidade.

- Sim. Entendo.

- E o que você fez depois? Procurou Helena para conversar sobre o assunto, por exemplo?

- Não.

- E por quê?

Leo fica em silêncio por um momento e depois responde:

- Pensei que, ao analisar a situação utilizando a razão, nós tínhamos descoberto tudo sobre ela.

- Pois é... acho que você se enganou.

- A razão é uma ótima parceira, quando precisamos analisar um problema, mas ela não é tudo. No seu exemplo, ela serviu para questionar um paradigma – almoçar com outro menino significa traição. Além disso, você aprendeu a analisar melhor as situações, não foi?

O garoto lembra-se que usou o processo de fragmentar o problema de forma bem sucedida com sua mãe e concorda:

- É verdade.

- Porém, a razão ajuda muito, mas não resolve todos os problemas. Veja: concluímos que não era fato que Helena estava te traindo, mas também não concluímos que era mentira.

- Você está dizendo que pode ser verdade?

- Pode.

Leo se desespera:

- Caramba!!! Que droga!!! E agora? O que eu faço?

- Leo, procure ficar calmo. Sente aqui – Fred busca acalmar o garoto, antes de continuar seu discurso. Leo obedece, e o pedagogo prossegue:

- Você não deve ficar chateado, pois não concluímos nada novo. Se você tem uma namorada, já corre o risco de ser traído. Não estou falando nem que sim nem que não, falo sobre o risco que é inerente[47] a qualquer relacionamento.

Leo, mais tranquilo, consegue entender a lógica do pensamento de Fred:

- É estranho... mas você está certo.

Para Fred, era importante que Leo se conscientizasse do risco, para ficar mais "pé no chão". Agora, ele voltará ao problema central do dia: as intenções de João Felipe.

- Podemos voltar ao João Felipe?

- Podemos.

- Vamos fazer a seguinte pergunta: o que ela estava fazendo com o João Felipe?

- Não sei.

- Alguém sabe responder essa pergunta?

- A Helena sabe.

- E você não perguntou a ela? Por quê?

- *Caramba! Que mole! Por que não conversei com a Helena?* – Pensa Leonardo, enquanto fica mudo. Fred aproveita para sugerir:

- Posso te contar uma história?

- Aham.

- Há bastante tempo, alguns filósofos passaram por uma situação parecida com a sua. Descartes e seu método faziam um sucesso tremendo, e outros pensadores reconheciam o mérito dele, porém concluíram que a razão era insuficiente para gerar conhecimento. No seu exemplo, você usou a razão para evitar chegar a uma conclusão errada, porém somente experimentando a situação é que você poderia conhecê-la integralmente para tomar uma decisão melhor.

- Como assim experimentando?

- Você acha que poderíamos escrever um manual definitivo sobre o seu caso? Um manual que definisse todos os detalhes, ações e julgamentos?

- Não, lógico que não.

- E por quê?

- Porque cada caso é um caso, você mesmo me falou isso. Existem milhares de possibilidades envolvendo a mesma situação.

- E como você pode saber qual é a sua situação?

Aha! Leonardo finalmente entendeu o que Fred queria dizer:

- Ué! Esclarecendo a situação com a Helena.

---

47 inerente – naturalmente ligado a algo

- E o João Felipe, por que não? Inclusive, esse foi o seu caso. Ao procurar o "colega", ele te mandou a real e, só nesse momento, você conheceu uma faceta da situação, não foi?

- Foi sim.

- Faceta que novamente você tinha julgado erroneamente. E por quê? Porque você insistiu em presumir[48], quando você deveria ver, ouvir e sentir, ou seja, usar as suas ferramentas para "ler" o mundo.

- Você está falando dos meus cinco sentidos?

- Isso mesmo. Você percebeu que só passou a ter uma informação verdadeira, quando conversou com o João Felipe?

- É... você tem razão.

- E suas informações ainda estão incompletas, não é mesmo? Porque você ainda não falou com a outra pessoa que participou do caso.

- Helena.

- Exato. Você precisa falar com ela, descobrir por meio do diálogo o que houve de verdade.

- E depois?

- Ah! Depois de apurar os fatos, receber os *imputs*, através de sua experiência verdadeira e em vez de especulações, você poderá usar a razão para processar as informações e chegar a melhor conclusão. Agora, como fica a avaliação, se os *imputs* são falsos ou incompletos?

- É... você tem razão – o garoto não para de repetir isso.

- Então, irá procurar a Helena?

- Irei sim.

- Até porque você descobriu que o João está a fim dela, mas não sabe a posição dela e nem se ela sabe disso.

- É mesmo.

O garoto está mais tranquilo e satisfeito com o que Fred ensinou a ele. Curioso, pergunta:

- Fred, como se chama essa filosofia que você acabou de me ensinar.

- Chama-se **Empirismo**. Se quiser saber mais, enviarei um *link* para você.

- Valeu. Quero sim. Agora, preciso ir.

- Está com muita coisa para fazer?

- Estou sim. Não vejo a hora de conhecer tudo sobre essa história.

48 presumir – pressupor, prever

Ele levanta-se, cumprimenta o pedagogo e caminha para sair. Na porta, o garoto demonstra arrependimento:

- Fred?

- Sim.

- Desculpe pela maneira que falei com você.

- Tudo bem. Compreendo que sua reação foi proporcional às conclusões erradas que teve.

- Posso te fazer mais uma pergunta?

- Pode.

- Como vou saber se ela vai estar falando a verdade?

- Aaaaah!!! Meu amigo, isso você tem que decidir antes. Na minha opinião, não faz sentido conversar com ela, se não vai acreditar no que ela tem a dizer.

- É... – Leo responde, mas com bastante dúvida ainda.

- Uma sugestão: às vezes, devemos decidir com o coração, não com a cabeça. Escute seus sentimentos.

Leonardo agradece e segue seu caminho, repleto de questionamentos e experiências.

* * *

CAPÍTULO 19

Leo foi à casa de Helena, mas não conseguiu falar com ela. Esqueceu-se de que era a hora do curso de inglês dela. Entretanto a viagem não foi em vão, pois ele teve uma conversa superbacana com sua sogra.

O papo foi digno de um de seus diálogos com Fred. Ada buscou mostrar o lado de João Felipe na história. O garoto do interior apaixonou-se por Helena e, agora, o que ele poderia fazer? Ela pediu que ele se colocasse no lugar do João, onde ele teria que decidir entre perseguir uma paixão ou seguir uma regra moral, ou seja, respeitar a namorada alheia[49]. A reflexão foi poderosa e o deixou confuso sobre o que fazer. Pela primeira vez, ele entende um pouco o lado do "concorrente". Além disso, Ada explicou sobre entender as necessidades de cada um e como estas definem nosso comportamento.

Leonardo chega a sua casa, e sua mãe já está presente.

- Oi, filhinho. Chegando tarde em casa, o que houve?

- Fui ver o Fred – responde enquanto dá um beijo em Joana.

- De novo? – Pergunta em tom de surpresa, não de questionamento.

- Aham.

- E o que você aprendeu hoje? Saiba que gostei muito daquela aula que você me deu.

- Não foi uma aula – responde e parte para seu quarto.

- Leo? Espere um pouco, deixe eu te dizer uma coisa.

Leonardo vira-se para dar atenção à mãe:

- Pode não ter sido uma aula, mas para mim foi muito útil. Você conseguiu me esclarecer uma situação que eu não via. Se não fosse pela nossa conversa, eu tentaria ser síndica e teria me aborrecido muito. Valeu mesmo – a mãe agradece e atenua o dia fatídico do filho.

- De nada, mãe. Fico feliz por você – e volta a caminhar para seu quarto.

- Quer comer, agora? – A mãe pergunta com carinho.

- Não estou com fome.

- Então, depois levarei o jantar para seu quarto.

É a última coisa que Leo ouve antes de se trancar em seu quarto.

O dia foi muito cansativo, e Leonardo deita em sua cama. Primeiro, a revelação de João Felipe. Muita tensão. Depois, a conversa com Fred recheado de decepções com o amigo e reviravoltas. Para fechar, conversa com a sogra e mais coisas para

---

49 alheia – que não é nosso

pensar. Resumindo: mais coisas para pensar, pesquisas para fazer e conversas com a namorada. É muito conteúdo para uma cabeça juvenil e ela pifa. Leo apaga e dorme de roupa e tudo às sete horas da noite.

Joana entra no quarto, quarenta minutos depois, vê o estado do filho e conclui:

- Alguma coisa pesada aconteceu para meu filho dormir assim.

Ela retira tênis, meias e calça jeans, matando as saudades do tempo de bebê, de seu filho único.

- *Ah! Que saudade!!!* – Ela pensa com nostalgia[50].

* * *

Leonardo acorda às onze horas da noite com a cabeça mais leve, disposição renovada e estômago vazio. Primeiro o mais importante, então corre para a cozinha à procura de comida. Encontra seu prato do jantar prontinho na geladeira, de onde retira-o para enfiá-lo no microondas.

De volta para seu quarto, ele liga o computador e entra no Facebook. A primeira coisa que ele percebe é a mensagem de Fred com o *link* sobre empirismo. Leo se interessou mais pelo tema, depois da conversa com a sogra, e resolve aproveitar sua mente descansada para estudar o assunto.

LOCKE E HUME: O EMPIRISMO

Desde o início das investigações filosóficas sobre a origem e a fundamentação do conhecimento verdadeiro, duas grandes vertentes são seguidas: o racionalismo e o empirismo.

O racionalismo é a posição filosófica que defende que o conhecimento deve ser justificado a partir de demonstrações formais, e não da experiência; em outras palavras, o que garante que o conhecimento é verdadeiro, de acordo com os racionalistas, é o rigor das demonstrações lógicas às quais as proposições em questão são submetidas. Se um conhecimento passa pelo teste da evidência e da coerência lógica, pode ser considerado verdadeiro.

O empirismo, por outro lado, é a posição que afirma que o rigor lógico não deve ser o critério fundamental para a fundamentação e a justificação do conhecimento: é a experiência, seja imediata, seja controlada, que apresenta ao ser humano a certeza do conhecimento sobre a realidade.

50 nostalgia – saudade

Um dos mais importantes precursores do empirismo na modernidade foi John Locke (1632-1704). Locke dizia não haver qualquer conteúdo mental que não seja produzido por impressões causadas nos órgãos dos sentidos pelas coisas exteriores a nós. Ou seja: tudo o que passa em nosso pensamento é derivado de experiências que tivemos.

Assim, a repetição das experiências é o único critério que podemos utilizar para compreender a realidade e para obter o conhecimento verdadeiro. É claro que Locke não menosprezava a reflexão sobre as experiências e sobre as ideias que temos; mas mesmo a reflexão só pode ser feita sobre conteúdos que, em última instância, vêm da experiência.

De acordo com o empirismo de Locke, a mente humana é, inicialmente, como uma folha em branco; seguindo essa metáfora, os caracteres pintados na folha são originados, exclusivamente, da experiência de vida da pessoa.

Um problema da teoria empirista é a justificativa que se pode dar para a confiança na ciência. Ora, se todo conhecimento possível é um conhecimento advindo da experiência, e a experiência pertence necessariamente ao passado e é limitada ao âmbito das coisas vividas pela pessoa, como será possível que exista a ciência, que é universal e deve valer para todos os tempos e lugares? Dito de outra forma: como se pode, do ponto de vista empirista, justificar um conhecimento cuja validade ultrapassa (no tempo e no espaço) qualquer possibilidade de experiência individual? Afinal, é impossível a uma pessoa estar em todos os tempos e em todo o espaço, mas a ciência é justamente o conhecimento que se pretende válido para todos os tempos e para todo o espaço.

Esse problema da teoria empirista é conhecido como o "problema da indução". Para ele há duas soluções.

A primeira é a solução proposta por David Hume (1711-1776). Na verdade, essa primeira "solução" não resolve o problema, mas o esclarece. Hume diz o óbvio: que, do conhecimento limitado pela nossa experiência, não podemos, legitimamente, derivar um conhecimento ilimitado (o conhecimento científico). Não temos o direito lógico de dizer que todo o universo, em todos os lugares e em todos os tempos, se comporta do mesmo modo que o experimentamos em nossas limitadas vidas. Em outras palavras, não podemos extrapolar o que conhecemos no domínio limitadíssimo de nossas experiências para fazer generalizações nem previsões sobre o funcionamento de toda a realidade.

Para Hume, portanto, qualquer tentativa de fazer ciência, ou seja, de ultrapassar o domínio da nossa experiência a partir da nossa experiência, envolve a crença injustificada na uniformidade do universo. Essa crença na uniformidade das leis naturais é injustificada porque é impossível verificar em todos os tempos e lugares que o universo segue sempre as mesmas leis. Ou seja: toda a ciência se baseia em uma crença não científica. Portanto, toda a ciência tem, intrinsecamente, um componente essencial que é irracional.

A segunda solução para o "problema da indução" foi apresentada por Karl Popper (1902-1994). A solução de Popper é engenhosa: afirma que é impossível ter certeza de que o conhecimento científico é verdadeiro, mas que se pode saber com precisão quando o conhecimento é falso. Para Popper, a confiança em um conhecimento é aumentada quando se produz uma experiência nova que poderia refutar a teoria a ser testada, e a teoria não é refutada, mas corroborada pelos resultados experimentais. De modo inverso, um conhecimento é falseado, ou demonstrado como falso, quando a experiência nova apresenta resultados que são contraditórios com os previstos pela teoria. Popper defende que a possibilidade de uma teoria ser refutada por um experimento novo é o componente fundamental da ciência, e que uma teoria só é científica se puder ser refutada. Assim, Popper propõe que é possível fazer e confiar na ciência, desde que se adote a precaução de considerar o conhecimento científico como falível e sujeito a retificações. Não há ciência experimental "exata" nem "absolutamente certa": todas as ciências que dependem da experiência podem ser desenvolvidas, abandonadas ou reformuladas.

A solução de Popper reforça a atitude empirista da valorização da experiência na obtenção e na justificação do conhecimento. Afinal, o empirismo, até hoje, insiste na ideia de que é pela experiência que se pode decidir que um conhecimento pode ser considerado, ainda que, provisoriamente, verdadeiro ou falso.

Depois de estudar e refletir, procura Fred na rede:

- Fred? Está acordado?
- Estou aqui, meu amigo, como você está?
- Estou bem. Acabei de tirar um soneca incrível!
- Legal. E aí, falou com a Helena?
- Negativo.

- Posso saber por quê?

- Calma, Fred, não vá pré-julgando a situação. Ela simplesmente não estava em casa.

- Ah, tá! Foi mal.

- Tudo bem. Esqueci que ela tinha curso hoje.

- Que pena!

- Mais valeu a visita, pois falei com minha sogra um assunto bacana.

- É mesmo? Sobre o quê?

- Já já te conto, pois antes queria te dizer uma coisa. Eu li parte do link que você mandou sobre empirismo.

- E aí?

- Acho que entendi um pouco mais. Foi interessante, pois ajudou a entender o papo que tive com a minha sogra. Falamos sobre as necessidades das pessoas e quanto elas influenciam as nossas escolhas, as nossas atitudes.

- Isso mesmo. Apesar de nossas necessidades serem conhecidas e muito parecidas, temos formas peculiares de demonstrar isso. Além disso, não somos educados a compreender e expressar aquilo que está dentro de nós, que é essencial e nos movimenta. Por isso, muitas vezes escorregamos na hora de nos comunicar.

- Fato. Têm coisas que só aprendemos vivendo, experimentando como você disse.

- Isso mesmo. Eu estenderia o conceito e diria: sentir, refletir e agir.

- Isso é um macete para decorar?

- Mais ou menos. Acredito nessa pedagogia e você acabou de exercitá-la. Primeiro, interagimos com o evento, experimentamos a situação, ou seja, sentimos. O segundo passo é refletir, medir, julgar, comparar para poder compreender o evento. Por último, agimos, a partir da avaliação racional e emocional, procuramos escolher a melhor resposta. Você percebeu que fez isso tudo?

- Não. Eu fiz?

- Vamos lá... primeiro, você sentiu medo, insegurança e raiva a partir da conversa que teve com o João Felipe. Você interagiu com o evento. Depois, você analisou a situação considerando as informações e os sentimentos que tinha. E decidiu conversar com Helena para resolver a questão.

- Só que não consegui falar com ela.

- E, quando conseguir, o ciclo ocorrerá novamente. Como haverá uma nova interação, haverá novos sentimentos e informações, necessitando outra reflexão e a escolha de outra resposta.

- Entendi.

- A importância da última lição que tivemos, como já te disse, é que não podemos abrir mão da experiência, não é possível teorizar tudo. Você só construirá uma capacidade de reflexão e resolução, se vivenciar os problemas. Nem tudo é videogame de simulação.

- Hahahaha... Eu adoro esses.

- Eu também, sabia? Mas a vida real é muito melhor.

- Às vezes, é duro.

- É... eu sei.

- Fred, valeu pelo papo, mas preciso dormir. Afinal, amanhã colocarei um ponto final nessa história, falando com minha namorada.

- Está bem. Depois, se você quiser, me ligue para contar o que aconteceu. Boa sorte!

- Valeu!

Leo não está com sono. Só não sabia como despachar Fred para pesquisar sobre o assunto que sua sogra comentou com ele: Comunicação não violenta.

Quando Leo terminou a pesquisa, já eram duas horas da manhã, e ele estava finalmente com sono. Desliga o computador e deita em sua cama.

- *Espero não ter surpresas amanhã. Essa história toda está parecendo um livro, cheia de altos e baixos. Espero que as surpresas do "autor" tenham terminado* – pensa, antes de apagar.

* * *

CAPÍTULO 20

Assim que chegou à sala de aula, Leonardo encontrou Helena, e, para sua tristeza, ela estava conversando com João Felipe.

- Oi, bom-dia! – Leo cumprimenta em um tom seco de intimidação[51].

- Olá, meu amor – Helena retribui com carinho, como de costume.

- Oi – já João Felipe responde diplomaticamente.

Leo permanece parado, esperando o "colega" sair do lugar que, supostamente[52], lhe pertence, já que é onde ele se senta todos os dias. João Felipe despede-se de Helena e sai sem dirigir uma palavra ou olhar para o namorado da menina. Ela sente o clima pesado e pergunta:

- Tudo bem, Leo?

- Tudo – responde querendo esconder o jogo.

- Então por que eu senti uma tensão entre vocês dois?

- Preciso falar com você sobre isso, mas fora daqui.

- Ok.

- Vamos a minha casa depois da aula?

- Vamos sim.

- Combinado.

O professor de Matemática entra na sala, e Leo tenta abstrair a situação e o assunto que pretende conversar com a namorada. Helena, muito curiosa, tem extrema dificuldade de esperar. Passou os intervalos entre as aulas e o recreio, procurando informações com os amigos mais próximos do namorado, mas não foi bem sucedida. E João Felipe? Ele percebeu que hoje era um dia D para ele e seu sonho de conquistar a menina. Portanto, tentou de tudo. Olhou para Helena durante todas as aulas, puxou conversa no recreio e enviou SMSs. Porém, a sorte parece que vai mudar hoje, Helena tentou se concentrar nas aulas para evitar sua curiosidade, não deu papo para João no recreio e esqueceu o celular em casa. Hoje não será o dia de João Felipe!

* * *

- Lena, o João Caipira está a fim de você!

---

51 intimidação – para colocar medo

52 supostamente – hipoteticamente

Quando chegaram a casa dos Gantes, Leo puxou Helena rapidamente para seu quarto. Eles sentaram na cama do garoto, que disparou a notícia sem aviso ou meias-palavras.

- Que isso, Leo! Do que você está falando???

- É isso mesmo. Ele está a fim de você.

A menina levanta-se da cama e parece não acreditar. Percebendo o impacto da notícia na namorada, Leo pergunta:

- Você não sabia, não é mesmo? – Em um tom de "acredito em você".

- Lógico que não! E ainda não compreendi totalmente. De onde você tirou isso?

- Ele me disse.

- Como assim??? Que história maluca!

Leonardo, então, resolve contar a história completa:

- Vamos do início. Eu vi vocês almoçando juntos cerca de duas semanas atrás... – o garoto dá um tempo no relato, como se esperasse uma explicação. Helena entende e fala:

- Você nos viu? Ele pediu para almoçarmos para tirar umas dúvidas sobre a escola. Como você tinha um almoço com o Fred, não vi problemas.

Leo observa atentamente a explicação da namorada. Há duas semanas ele aguarda essa resposta, que perturbou o seu sono diversas noites.

- Helena, acho que isso foi só uma desculpa para se aproximar de você.

- Sério???

Em um primeiro momento, ela refuta a hipótese, depois colabora para torná-la mais crível[53]:

- Pensando bem... Falamos muito pouco sobre a escola.

- E sobre o que vocês falaram? – Leo pergunta tenso.

- Falamos sobre vários assuntos, especialmente, sobre problemas ambientais.

- Ele fez isso para te impressionar.

- Será mesmo? – Helena continua inocente, ainda não viu malícia na atitude do colega.

Os dois ficam em silêncio por um tempo. Helena em pé, encostada na mesa do computador, e Leo sentado na cama, cabisbaixo. O garoto toma coragem e dispara uma pergunta essencial:

- Ele não fez nenhuma investida, Lena? Não falou nada? Não tentou nada?

- Nada! Nada mesmo! – A garota é enfática[54], mas Leo faz mais um confere:

---

53 crível – que se pode crer, possível

54 enfática – dar destaque

- Tem certeza? Você é meio bobalhona para isso, né?

- Isso é verdade. Porém, estou quase certa de que não.

- Pense bem. Esta resposta é muito importante.

Helena faz força. Fica muda e tenta rememorar alguma situação mais estranha. Depois de um tempo, ela fala:

- Acho que tentou se gabar[55] durante nossas conversas. Só isso de estranho. A todo momento, demonstrou conhecimento sobre a natureza e suas ameaças. Senti como se fosse algo forçado, sabe.

- *Uuuuffaaaaa!!!!* – Leo nunca se sentiu tão aliviado. Ele até começa a brincar com a situação:

- E você nem ficou impressionada com o caipira?

- Fiquei um pouco. Ele manja bastante de espécies animais e vegetais. Pensei até em pedir umas aulas particulares... – a garota debocha do estado de ciúmes do namorado.

- Pode pedir.

- Posso mesmo? Você não vai ficar bolado? – Ela pergunta, enquanto se aproxima de Leo

- Não. Desde que eu possa fazer o mesmo.

- Ha ha ha... Você vai pedir aula para quem?

Leo só percebe agora que esse tipo de liberdade em mão dupla não o favorece.

- É melhor termos aulas particulares somente entre nós! – E levanta para trocar um abraço e um longo beijo na namorada. Helena fala em seu ouvido:

- Para isso, você precisa ter o que me ensinar.

- Meu amor, para não te perder, sou capaz de aprender até a matemática da NASA! – E tasca mais um beijo em Helena.

- Pelo que eu te conheço, essa é a maior declaração de amor que você me fez.

Eles trocam mais um beijo e são interrompidos por um bater na porta, seguido de um chamado:

- Leo? – Déa, a secretária do lar dos Gantes, chama pelo garoto.

- Sim – Ele responde berrando, enquanto dirige-se até a porta.

- Vocês vão querer almoçar? – Déa fala ainda do outro lado.

Leo abre a porta e responde:

- Vamos sim. Coloque a comida, por favor, estamos indo em uns cinco minutos... – Leo olha para Helena e completa. – Quer dizer dez minutos!

55 gabar – vangloriar-se, orgulhar-se

Retornando para o chamego com a namorada, ele a encontra pensativa e pergunta:

- O que houve?

- Estou aqui pensando... Por que você não falou comigo? Você por algum momento imaginou que eu estivesse te traindo?

- Ih agora?! Se eu mentir, continuaremos com nossos beijos e tudo ficará bem; se eu falar a verdade, terei que explicar tudo(que coisa chata!) e ela ainda ficará bolada. Que droga que não sei mentir!!!

Ele tenta se esquivar:

- Não vamos falar mais nisso. Morreu o assunto.

- Responda – em tom sério.

- Lena, para falar a verdade, sim. Eu fiquei bolado e duvidei da sua fidelidade.

A menina empurra o namorado levemente e se coloca em frente a uma parede do quarto. Leo ensaia abraçá-la, mas resolve respeitar seu momento de reflexão e senta-se na cama. Não demora muito para ela se virar, sentar no colo do namorado e dizer:

- Eu te entendo. Deve ter sido difícil ver a cena. Além disso, eu nem te avisei.

O garoto concorda, feliz da vida. Helena só faz um pedido:

- Só queria uma coisa.

- Pode dizer.

- Agora que passamos por nossa primeira crise séria...

- Hahahahaha...

Os dois riem. Ela prossegue:

- Falando sério, acho que isso tudo serviu para aprendermos um pouco mais sobre ser namorado e namorada. Por exemplo, acho que fica de lição que precisamos ser mais abertos, conversar mais. Afinal, a cada dia aprendemos mais sobre o outro e como conviver com nossas diferenças. Um diálogo franco[56] é o melhor remédio.

- Além de te amar, eu tenho orgulho de você. É exatamente isso. Você sabia que o que você falou tem a ver com Filosofia?

- Não sabia. É sério?

- É sim. O Fred me ensinou sobre empirismo. Resumidamente, precisamos experimentar as situações da vida, para aprendermos e refletirmos sobre elas. Se eu não tivesse visto você almoçando com o João Felipe, nada disso teria acontecido.

---

56 franco - sincero

E acho que valeu a pena, pois percebo agora que nosso relacionamento está mais forte e maduro.

- Concordo com tudo que você falou. Só continuo sem saber o que é empirismo.

- Durante o almoço, eu te conto. Pode ser? – E convida a namorada para o rango.

- Pode sim. Essas revelações me deram fome.

O casal parte para a cozinha. Enquanto comem um empadão de frango, Leonardo explica a filosofia empirista. Helena ouve atentamente e fica feliz em aprender e pelo namorado, que explica tudo com uma empolgação genuína[57]. Tem momentos que só experimentamos vivendo um amor verdadeiro e recíproco.

Será que não haverá mais surpresas na vida do garoto?

* * *

57 genuína – autêntica, original

CAPÍTULO 21

Depois da crise no relacionamento a dois, Leo voltou sua atenção à escola e suas atividades. A professora Raquel, de Biologia, passou um trabalho em dupla sobre a crise energética. Ela pediu que os alunos refletissem sobre formas de atenuar a demanda por energia no cotidiano.

Leonardo sentiu que o problema, envolvendo Helena e os ciúmes de João Felipe, estava solucionado e resolveu fazer o trabalho com seu melhor amigo. Antes, conversou com a namorada e pediu que ela fizesse o trabalho com qualquer pessoa exceto o "concorrente". Ela topou, e ele chamou Sid para fazerem a atividade em sua casa.

Depois da aula, os dois amigos chegam a casa dos Gantes, cheios de fome, e vão logo pedindo o almoço para Déa. Sid fala como se estivesse em casa:

- Dééééaaaaa?????? Cadê o rango???

Déa sempre foi bem humorada e estava com certa saudade do melhor amigo de Leonardo:

- Olá, jovenzinho! A educação manda cumprimentarmos as pessoas em primeiro lugar. Ainda mais porque não nos vemos há um tempão, não é mesmo?

- Eu sabia que você estava com saudade de mim. Cadê aquele espaguete à bolonhesa?

- Hoje ele não veio, mas mandou um estrogonofe no seu lugar.

- Ahhh... está ótimo.

Leo acha graça no diálogo e percebe que Sid faz falta, quando fica muito tempo sem aparecer.

Os amigos se servem e almoçam na sala, trocando as últimas fofocas. Leo fica por dentro da crise entre Teresa e seu namorado e do novo *affair*[58] de Tati:

- Então, quer dizer que a Tati está a fim do caipira do João Felipe? – Leo pergunta.

- Aham.

- E como você ficou sabendo?

- Durante esse tempo em que você ficou concentrado na paranoia do João Felipe e abandonou os amigos, eu acabei me aproximando muito dela...

- Iiihhhhhhh... – Leo estranha como se dissesse "vocês dois juntos, hein!"

- Não é nada disso. Você sabe que ela era a fim de você.

---

58 affair(inglês) – caso amoroso

- É... eu lembro. Acho que essa história dela com o João "Caipira" não vai rolar.
- Por quê?

Leo respira fundo e conta para o amigo:

- Ele está a fim da Teresa... de verdade.
- QUE ISSO!!! – Sid solta o talher no prato ao exclamar incrédulo[59].
- Seriíssimo!
- Como pode? Você deve estar enganado. Sempre implicou com ele...
- Eu gostaria que fosse só implicância, mas não é. Ele me disse pessoalmente.
- Caramba! Não sei o que te dizer, camarada. Que vacilo! E eu aqui pensando que você estava neurótico!
- Fiquei muito bolado na semana passada, porque o procurei para fazer as pazes, para dizer que realmente implicava com ele e queria parar, pois tinha percebido que não tinha motivo.
- E descobriu que estava certo, que tinha motivo para desconfiar dele.
- Exato. Mas agora estou de boa, mais tranquilo.

A paz transmitida por Leonardo impressiona Sid, que pergunta:

- O que houve? Como você está conseguindo ficar tão na paz assim?
- Engraçado... não acho que eu esteja tão em paz assim.
- Pode não estar, mas está me passando essa impressão.
- É... no início eu fiquei muito irado. Queria enfiar a porrada nele!
- Naturalmente, eu faria o mesmo – responde o sempre *zen* Sid, surpreendendo seu amigo.
- Sei lá... Pense comigo: por que você faria isso?
- Ué! Porque ele está dando em cima da minha namorada!
- Ele está gostando dela. Você não faria o mesmo no lugar dele? Eu lembro que, quando você estava apaixonado pela Teresa, você tentou ficar com ela, apesar dela já estar com o Juan.

A recordação machuca Sid, e o garoto acaba dando uma resposta vaga:

- Mas é diferente.
- Diferente por quê? Porque é você.
- Talvez...
- Depois de pensar bastante e conversar com a minha sogra, cheguei à conclusão de que eu entendo o caipira. E, como eu o entendo, consigo respeitá-lo. Não tenho mais vontade de bater nele, mas também não vou facilitar as coisas. Eu amo a Helena e vou continuar lutando por ela.

---

59 incrédulo – que não acredita

Sid reflete um pouco sobre as palavras do amigo e decreta:

- É... você me convenceu. Está levando a situação de forma bem sensata. Porém, não sei se eu conseguiria.

- Lógico que sim. Você é uma pessoa mais equilibrada e inteligente do que eu.

- E qual é a sua receita?

- Hahahaha... engraçado você falar assim.

- Mas tem uma receita, não tem? Confesso que estou surpreso pela sua atitude e discurso. Gostaria de aprender um pouco também.

- Ok. Admito que aprendi algumas atitudes filosóficas nos últimos tempos que me ajudaram. Vou te destacar duas: aprender com a experiência e buscar respostas equilibradas.

- Irado! Explicaí!

- Primeiro, a lição que aprendi com o Fred: aprender com a própria experiência. Hoje, depois que ele me ensinou e eu vivenciei, está muito claro. Sid, a escola e o sistema educacional, em geral, inclusive nossa educação familiar, valorizam muito o ensino teórico, menosprezando a aprendizagem prática, mais, precisamente, a aquisição de informações a partir de nossos sentidos. Somente assim, temos a possibilidade de compreender a situação e os nossos sentimentos.

- Como assim "nossos sentimentos"?

- Veja o meu exemplo. Nós vemos episódios de traição na televisão e nos filmes, mas isso é teoria. Teoria é uma coisa, prática é outra. Eu vivi uma situação em que vi Lena almoçando com o João e depois fiquei especulando[60] sobre o que poderia ser. Levei um tempão para falar com a Helena e tive que administrar minha cabeça estourando, com dúvidas, tristeza etc e tal. Consegui falar com a Lena e resolvemos o caso. Ufa! Hoje estou tranquilo e muito mais experiente. Sinto-me mais capaz de superar outra crise como essa. E só está sendo possível porque eu vivi isso tudo, não foi na teoria. Por isso, eu te digo:

Aprenda com suas experiências

- Bacana. Entendo o que você quer dizer. Acho que, muitas vezes, a escola é chata porque é só teoria.

- Fato.

- E em casa é a mesma coisa. Muitas vezes, nossos pais nos colocam em uma redoma protegida.

---

60 especulando – imaginando

- Aí, quando vamos para a "vida", não temos experiência e tomamos porrada o tempo todo.

- É... E a outra lição?

- Pois é... Semana passada, depois que falei com o caipira e fiquei sabendo de seus verdadeiros objetivos, conversei com o Fred e corri para conversar com a Helena. Chegando ao apartamento dela, não a encontrei, pois estava no curso de inglês. Então, acabei batendo um papo maneiríssimo com minha sogra. Sid, minha sogrinha é sinistra. Muito da paz e me ajudou pra caramba. Falamos sobre a importância de manter o equilíbrio, a fim de tomarmos decisões melhores.

- Não entendi exatamente a relação entre compreender o João Felipe e ser equilibrado.

- É difícil mesmo. Vou tentar te explicar. Falamos que as pessoas brigam porque não se entendem, quer dizer nós não buscamos compreender as necessidades uns dos outros. Ficamos vedados nas nossas expectativas e desejos. Uma das formas de cultivar relações sustentáveis é ampliar nossa capacidade de compreensão, alcançando uma forma menos individualista e mais equilibrada de ver as coisas.

- E você conseguiu isso?

- Não existe uma forma ideal, mas diversos modos diferentes. Eu te diria que me sinto mais experiente, pelo que eu vivi, e mais inteligente, por ter uma visão mais equilibrada das coisas. Depois te mostro umas coisas sobre comunicação que eu aprendi.

- Está bem. Deve ser algo mágico.

- Não esqueça que os milagres acontecem dentro de nós mesmos.

- Estou contigo, camarada.

Os dois terminam o almoço e colocam a louça para ser lavada. Leo chama Sid para estudarem no quarto, mas o amigo chama a atenção para o fato de que eles não jogam *videogame* há bastante tempo. Leonardo aceita o convite irresistível.

- Umas partidinhas de futebol não atrasarão a gente.

Eles duelam durante quase duas horas, relembrando as antigas provocações a cada vitória de um lado ou do outro. Sid leva a melhor por sete a três. Depois, ele lembra-se de vários vídeos da internet que tinha para mostrar. Aqueles vídeos em que a graça surge a partir da dor ou constrangimento dos outros. O problema é que o *site linka* os vídeos, então um acaba puxando o outro e os amigos passam mais de uma hora rindo de besteiróis.

Após tanta diversão, Leo resume o estado dos dois:

- Nossa! Bateu uma pre-gui-ci-nha, hein...

- É mesmo. E agora?

- Temos que fazer o trabalho.

- Temos mesmo? Não podemos deixar para outro dia? – Sid propõe.

- Sei lá... Acho que sim.

- Aí, teremos outro motivo para nos encontrarmos, jogarmos videogame, ficarmos na internet,...

- Hahahaha...

Os dois gargalham depois da proposta de Sid. Leo faz um discurso bonito, em tom nostálgico, sobre a importância da amizade entre os dois e quanto eles devem se esforçar para não perder isso. Sid dá um abraço no amigo e faz uma última pergunta:

- Você acha que isso que você aprendeu com o Fred pode nos ajudar no trabalho?

Boa pergunta. Leonardo já tinha conseguido aplicar Filosofia na sua vida particular, agora, a questão levantada por Sid o fará refletir sobre a esfera social.

- Acho que sim. Vou pensar como seria – Leo responde, pedindo um tempo para pensar.

Os amigos se abraçam e se despedem. Ambos saem felizes do encontro e sabedores que dividir o tempo entre todos os relacionamentos é um passo fundamental para uma vida mais equilibrada.

* * *

Depois de rascunhar algumas ideias sobre sustentabilidade, Leonardo retorna para a questão levantada por Sid.

- Como a atitude ensinada por Fred pode ajudar no trabalho de Biologia, ou seja, qual a importância da experiência pessoal para atenuar a crise energética e todos os problemas ambientais de uma forma geral?

O garoto faz a pergunta a si mesmo e não demora muito para chegar a uma resposta, que ele coloca no papel:

- Acredito que as pessoas não se importam com as questões que não impactam nas suas vidas. Não é nada contra a natureza, simplesmente ela está distante do cotidiano dos cidadãos, especialmente daquelas que vivem nos centros urbanos. Assim, questões como desmatamento e degradação dos solos não constituem parte do dia a dia, sendo esquecidas, pois aparecem somente nos telejornais. Outras questões como escassez de recursos geram um medo generalizado, pois afetam diretamente o padrão de vida das pessoas. Talvez, essas questões

merecessem mais atenção, porém existe um otimismo cego na capacidade humana de administrar problemas como esse. Diante desse cenário, acredito que, se as pessoas vivessem mais próximas da natureza, elas se sensibilizariam e se preocupariam com outras formas de vida, além do ser humano. Da mesma forma, se elas sentissem os problemas de poluição e escassez de recursos mais intensamente, iriam responder de uma forma diferente, questionando seu próprio consumo e desperdício. É preciso equilibrar teoria e prática.

PARA PENSAR...

1) Fred afirmou que em qualquer relacionamento corremos o risco de sermos traídos. Como isto muda a sua visão sobre os relacionamentos?
2) Qual a importância de usarmos nossos sentidos para viver determinada experiência em vez de presumi-la?
3) Ada defendeu o comportamento de João Felipe, criando uma oposição: lutar por uma paixão ou obedecer uma regra moral. Você concorda com ela?
4) Como você resumiria os ensinamentos de David Hume? E os ensinamentos de Karl Popper?
5) Você concorda que a experiência vivida por Leo e Lena fortaleceu o relacionamento dos dois, como o garoto falou?
6) Leo e Sid criticaram o sistema educacional chamando-o de muito teórico. Você concorda? Dê um exemplo de como ele poderia ser diferente.
7) No trabalho sobre crise energética, Leonardo relacionou a importância de viver experiências ambientais com o cuidado com a natureza. Você acredita que falta contato com o meio ambiente na sociedade urbana em geral e que isso prejudica a preocupação com as questões ambientais?

* * *

Lição 4: Procure e aprenda com opiniões diferentes

CAPÍTULO 22

- Entra aí, Fred. Seja bem-vindo.

Leonardo convida o amigo pedagogo para entrar em sua casa.

- Boa noite, Leo – Fred entra e apresenta sua companhia. – Essa é a minha esposa, Elizabeth.

- É um prazer conhecer o famoso Leonardo! – Ela declara.

- Espero que seja famoso por bons motivos.

- Com certeza – Beth confirma.

- É muito bom conhecê-la também. Onde está o pequeno Gabriel? – Leo pergunta pelo filho do casal.

- Deixei com minha mãe – Fred responde.

- Poxa, queria tanto conhecê-lo e saber se já é um "filosofinho".

- Hahahaha – Fred e Beth riem. O pedagogo explica:

- Você me chamou tão empolgado para esse jantar que eu não queria desviar o foco da minha atenção. Além disso, esse tempo com a vovó faz bem para o pequeno e para ela.

- E para nós também, que nem sempre temos tempo para sairmos sozinhos – Beth completa, e Fred balança a cabeça em concordância.

Helena chega à sala:

- Olá, Fred.

- Oi, boa-noite. Você é a Helena.

- Isso mesmo. A namorada do perturbado Leonardo.

- Ele não é perturbado. Como todos nós, tem suas dificuldades – Fred defende o amigo-aluno com bom humor.

- É verdade, Lena. Você acha que não tem problemas?

- Eu não. Sou uma garota muito bem-resolvida.

- HAHAHAHAHA... – Leo gargalha intensamente e depois zoa a namorada:

- Fred, depois te conto umas e outras dela.

- Está bem. Helena, esta é minha esposa, Beth.

As mulheres se cumprimentam e todos caminham para sentar no sofá, disposto[61] no meio da sala. Educado, Fred pergunta:

- Leo, e seus pais?

- Minha mãe está terminando o jantar, na cozinha. Meu pai está atrasado.

Helena convida Beth para apresentar a casa, enquanto Fred permanece com Leo na sala. O pedagogo pergunta:

- E aí, Leo, já tem um tempo que não nos falamos. Vejo que está indo tudo bem entre você e sua namorada.

- Está tudo ótimo.

- Então, vocês conversaram? Ficou tudo certo?

- Aham. Agradeço muito a sua ajuda. Até por isso te chamei para este jantar. Depois de toda tempestade, percebi que nosso relacionamento saiu fortalecido.

- Sabe, Leo, um filósofo chamado Nietzsche dizia: "o que não nos mata, nos fortalece".

- Acho que é por aí mesmo. E tudo que tenho aprendido sobre Filosofia eu devo a você. Valeu mesmo?

- Que nada – Fred sempre modesto.

- É sério. Obrigado de coração.

- O fato de ver você feliz já é a recompensa de que eu preciso.

Os amigos trocam um aperto de mão, enquanto Carlos abre a porta:

- Olá, família! – Ele cumprimenta a todos empolgado e caminha para o meio da sala.

- Oi, pai. Lembra-se do Fred? – O garoto reapresenta o pedagogo, já que foi Carlos o primeiro da família a conhecê-lo, quando Fred fez uma palestra em sua antiga empresa.

- Lógico, filho. E aí, Fred? Tudo bem?

- Tudo – e estica a mão para cumprimentar o pai de Leonardo.

- Muitas palestras?

- Bastante. Saiba que o "caso Leonardo", ou seja, a situação que eu e seu filho tratamos juntos, sobre seu comportamento, é uma das experiências mais interessantes que tenho para contar. Quando cito como exemplo, em algumas palestras, as pessoas ficam impressionadas e sempre fazem muitas perguntas.

- Interessante. Então, está faturando alto com o nosso jovem. Você poderia repassar uns *royalties*[62], não?

---

61 disposto – colocado

62 royalties – taxa para uso de alguma patente ou bem

- Para, pai. Fred, não ligue para a brincadeira dele. Nossa amizade é o que importa.

- Tudo bem, gente. É só uma brincadeira – Carlos explica.

- Eu sei, Carlos. O Leo que levou a sério o que você falou – Fred deixa claro que entendeu a brincadeira.

- Vou tomar um banho e me arrumar para jantarmos, está bem? – Carlos avisa, e Fred o deixa à vontade.

Agora, é a vez de Joana chegar à sala, junto com Helena e Beth, e cumprimentar Fred:

- Olá, querido.

- Oi, Joana, tudo bem?

A mãe de Leonardo tem recordações bacanas do tempo de terapia, pois Fred também realizava rápidos aconselhamentos que a ajudava a se entender melhor com o filho. Ela comenta:

- Tudo. Tenho muita saudade do tempo que eu levava o Leo para a terapia com você.

Fred faz cara de que não entendeu. Como pode ela ter saudade de levar o filho para a terapia??? Joana corrige:

- Não... quero dizer é lógico que é melhor agora, que ele está com um comportamento bom na escola, mas nossas conversas eram muito boas, também aprendi muito com você e tenho saudade disso...

- Eu entendo, Joana. Também sinto saudades de nossas conversas. Hoje eu trabalho com muitos jovens e é difícil achar mães como você.

- Isso foi um elogio? – Joana pergunta um pouco perdida.

- Certamente – Fred confirma.

- Está vendo, Leo. Você precisa dar mais valor a sua mãe, pois é difícil achar igual, ouviu? – Joana fala em tom de "brincadeira quase séria".

- *Que saco! Agora, vou ter que aturar minha mãe tirando onda!* – Leo pensa, enquanto olha para o pedagogo com semblante[63] de reprovação.

Mais um tempo se passa até que Carlos sai do quarto cheiroso e renovado, após o banho. O "chefe" da casa comanda:

- Vamos jantar?

* * *

63 semblante – aparência

Joana caprichou no cardápio. Queria receber Fred e sua esposa muito bem, depois de tudo que ele fez(e tem feito) para ajudar seu filho. Ela preparou um linguado ao molho de camarão, que ficou fabuloso. Após a primeira garfada, Beth foi a primeira a elogiar:

- Joana, você está de parabéns! Está excelente!

Todos confirmaram e ampliaram o comentário da esposa de Fred. Joana agradeceu a todos, feliz com o *feedback*[64]. Depois de algum tempo, Carlos perguntou diretamente:

- Fred, o que você tem ensinado para o meu filho?

- Na verdade, Carlos, é melhor você perguntar para ele, pois nem sempre as pessoas aprendem o que queremos ensinar, o que não é algo necessariamente ruim. E o que ele aprendeu é o que realmente importa.

Com tantas pessoas sentadas à mesa, Leo não quer bancar o filho adolescente revoltado sem causa e antecipa-se, respondendo pacientemente:

- Temos estudado sobre Filosofia, pai.

- Filosofia? Deve ser interessante, afinal, prendeu a atenção do Leo. Mas não tenho noção do que seria, pois quando eu era estudante não tinha essa disciplina, já que era a época da Ditadura Militar.

- Como assim? – Helena pergunta.

- Na época da Ditadura Militar, entre 1964 e 1985, houve uma reforma no ensino, e os militares reduziram a carga em formação humana, colocando mais foco nas disciplinas tecnológicas. Então, não havia Filosofia no currículo escolar do Ensino Médio, por exemplo – Joana explica.

- Eu acharia bom em outros tempos, mas agora, que eu entendi o que é realmente a Filosofia, estou amarradão! – Leo elogia.

- Fico muito feliz, filho. Explique um pouco para nós o que você já aprendeu.

Carlos convida e todos voltam sua atenção para o garoto. Para não ser indelicado, o pai completa:

- Obviamente, filho, se você quiser...

- Tudo bem. Vai ser legal com meu mestre aqui, – e aponta Fred – pois ele poderá me corrigir.

O garoto inicia sua dissertação:

- Pelo que eu aprendi até agora, o pensamento filosófico serve para a construção de conhecimento, do verdadeiro conhecimento. Antes eu "pensava" da mesma forma que eu vejo todos fazerem, o que agora acho patético. Julgava e

64 feedback – dar opinião sobre algo

tomava decisões baseando-me nas minhas opiniões, que eu formulava sem refletir muito. Agora, uso a razão, faço perguntas objetivas e tento entender as situações a partir dos fatos. Não aceito passivamente o que é colocado e sou ativo na busca pela verdade.

- Incrível, filho – Joana elogia.

- Muito bom mesmo, mas um pouco teórico demais. Você pode me dar um exemplo? – Carlos pede.

Leo congela. O exemplo mais notório[65] envolve seu namoro e os ciúmes do João Felipe, um assunto que ele não quer abordar. Sua mãe o salva:

- Não precisa, Carlinhos. Não se lembra daquele dia em que eu estava irritada com a portaria do prédio, e o Leo me ajudou a pensar a situação. No final, concluí que eu estava exagerando e não precisava me candidatar a síndica.

- É verdade – Carlos também recorda a situação, que é conhecida por todos na mesa, à exceção de Beth. A esposa de Fred resolve dar a sua opinião:

- Eu tenho alguma ideia do que está acontecendo com o Leo, pois quando comecei a namorar o Frederico foi parecido. Muitas vezes estávamos conversando sobre um assunto, quando ele fazia uma observação para corrigir a minha forma de pensar.

- Como assim corrigir a forma de pensar? – Joana estranha.

- Ah... Ele argumentava usando uma lógica e me mostrava que minha forma de pensar tinha falhas, por isso eu não chegaria a melhor conclusão.

Joana não interpreta corretamente a explicação de Beth:

- Desculpe, Beth, mas falando assim parece que somente um filósofo pode chegar **à** conclusão certa. Isto é, todos os outros são estúpidos!

- Não é isso – Beth corre para melhorar sua explicação. – Porém, é fato que não aprendemos a pensar com qualidade. É diferente de ter opinião. Você precisa entender e refletir de forma estruturada para ter uma opinião embasada, e, infelizmente, não aprendemos isso na escola, o que é uma falha considerável em nossa formação. Não tenho vergonha de reconhecer que o Fred, que estudou muito para isso, me ajudou muito nesse sentido.

- Te ajudou a aprender a pensar? – Joana pergunta ainda incomodada com a temática.

- Sim. Não tenho vergonha de assumir isso.

- Você pode me dar um exemplo?

65 notório – algo claro para todos

- Posso. Vários. Vou dar um exemplo banal. Na hora de comprar nosso primeiro carro, nós tivemos um conflito, porque eu queria comprar de uma marca específica, e ele não. Ele pediu que eu primeiro mantivesse a mente aberta, disposta a mudar de ideia. Depois que eu concordei, começamos a listar nossas necessidades e desejos com a compra. Em seguida, pesquisamos todos os carros próximos ao perfil que definimos. No final, compramos um carro de uma marca diferente daquela que eu queria.

- E você não ficou chateada? – Joana pergunta.

- De forma alguma. No final, eu já tinha entendido que não queria um carro "x", queria um com certas características como conforto, preço e valorização no mercado. Compramos outro carro, que se mostrou uma opção melhor em relação ao que queríamos.

- Beth, mas por que você queria o carro "x" desde o início?

- Estranho... Só depois percebi que minha família sempre teve carros daquela marca, e, portanto, eu estava viciada nela. Não enxergava outras opções, como uma teimosia, vocês entendem?

- Aaaahhhh... de teimosia eu entendo – Carlos comenta sarcasticamente[66].

- O que você quer dizer, amor? – Joana pergunta como se dissesse "está falando de mim?".

- Não é nada referente a você, amor. Nem a você, Leo.

- Então, do que está falando, pai? – Leo pergunta, querendo esclarecer a situação.

- Acho que não cabe aqui. O jantar está tão agradável... – Carlos tenta evitar o assunto.

- Pode falar, pai – Leo insiste, já percebendo do que se trata. - É sobre a empresa, não é?

Carlos hesita, mas como todos o observam, à espera de uma resposta, ele resolve desabafar:

- É... talvez a oportunidade de ter uma pessoa tão inteligente aqui, como o Fred, possa ajudar. É sobre a empresa sim.

- Carlos, estou aqui como amigo e não como pedagogo ou filósofo, mas se puder ajudar de alguma forma será um prazer.

- Valeu, Fred, acho difícil você resolver essa situação, mas vou contar assim mesmo...

---

66 sarcasticamente - ironicamente

Carlos relata a briga entre os sócios. Naturalmente, a história foi narrada sobre seu ponto de vista, assim Xandão, que tem posições opostas a sua, na empresa, foi caracterizado como um grande teimoso, que não consegue perceber o melhor caminho para a Escola Da Vinci, inclusive a venda. No final, ele dispara:

- Então, Fred, você parece um especialista em mudar a cabeça das pessoas, diga-me como faço para acabar com a teimosia do meu sócio?

Fred não resiste e dá uma risadinha de canto de boca, enquanto Leo abaixa a cabeça, um pouco envergonhado. O garoto se posiciona:

- Pai, acho que você ainda não entendeu o real objetivo da Filosofia.

- Por quê?

- A Filosofia não serve para convencer as pessoas, mas para elas pensarem por si e chegarem sozinhas à melhor solução para uma questão.

- Carlos, posso dar a minha opinião? – Fred, pela primeira vez, resolve se pronunciar.

- Lógico. Pode falar.

- Espero que não fique chateado comigo, mas sempre sou sincero e não vou mudar nada do que quero dizer, mesmo estando em sua casa.

- Está bem. Agradeço pela sua sinceridade.

- Não acho que a sua situação e de seu sócio seja um caso de teimosia. Nem dele e nem sua. Aparentemente, vocês têm objetivos diferentes. Você tem certas pretensões para a empresa e ele outras. Se vocês não afinarem esses objetivos, chegando a um conjunto de intenções comuns, sempre haverá discordância. E serão brigas sem solução aparente, pois os dois estão certos. A empresa é sua e você tem expectativas que gostaria que fossem contempladas, assim como ele.

- E qual é a solução? – Carlos pergunta, agora sensibilizado pela explicação de Fred.

- Como costumo dizer, é a solução mais milagrosa que existe: vocês devem se sentar à mesa e chegarem a um consenso sobre os objetivos da empresa. Se conseguirem isso, você vai passar a enxergar que tem um sócio persistente em vez de um teimoso e passará a se sentir compreendido ao invés de desrespeitado e ignorado.

Apesar de sensibilizado, Carlos parece cético[67].

- Está bem... Vou pensar no que você disse.

Joana muda o foco:

- Beth, deve ser difícil para você. Por que você nunca deve ganhar uma discussão com o seu marido. Não é irritante?

---

67 cético – descrente

- Hahahaha... – Fred e Beth gargalham. Ela explica:

- Levamos isso numa boa. Eu assumi que aprendi muito com ele, porque ele aprendeu muito com os filósofos que estudou. Evitamos ao máximo um jogo de poder entre nós. Assim, não há disputa e sem disputa não há vencedores e vencidos, algo que torna a relação insustentável. Agora, não pense que não discutimos. Obviamente, temos discordâncias, mas elas são benéficas para o casal.

- Discussões benéficas??? Vocês são "cabeça" demais! – Helena espanta-se. Fred resolve contribuir:

- É chato e perigoso, quando você só lida com pessoas que concordam com tudo que você fala. Quando eu tenho que tomar uma decisão importante e estou convencido do que devo fazer, procuro alguém que pensa diferente de mim.

- Está brincando, Fred!?!? – Helena exagera na contestação e se desculpa em seguida. – Desculpem o linguajar, mas você está falando sério?

- É tão difícil de acreditar assim? – Fred pergunta.

Até Leo tem dificuldade:

- Fred, é muito mais fácil falarmos com pessoas que concordam conosco.

- É mais confortável, eu sei. Lembra-se do que dissemos sobre isso, Leo?

- Pensar é difícil, fácil é concordar com os outros – o garoto responde como se a frase já fosse um mantra[68].

- Isso mesmo. Muitas vezes ficamos cegos e não conseguimos ver as burrices que estamos fazendo. E isso acontece especialmente quando estamos muito convencidos de que estamos certos. São os momentos mais perigosos.

Nesse instante, todos ouvem com atenção. Fred prossegue:

- Uma das coisas que me mantêm junto a essa mulher espetacular – e faz um chamego na esposa – é a sua capacidade de discordar de mim. Não nas pequenas bobagens do dia a dia, mas naquelas grandes, que realmente importam. Imagine se ela concordasse com tudo, eu não teria chegado aonde cheguei ou teria que pedir opinião a outras pessoas. Essa é uma das lições mais valiosas que aprendi na vida e sempre compartilho com meus alunos:

Procure opiniões diferentes e aprenda com elas.

- E não é qualquer opinião. Não é opinião por opinião. Precisa ser aquela construída, através de uma reflexão crítica e de experiências que a outra pessoa teve – Beth completa o raciocínio de seu marido.

---

68 mantra – ideia repetida diversas vezes como forma de reforçar a proposta

- E quando um dos dois não entende do assunto? – Joana pergunta.

- Isso acontece com frequência. Aí a situação deixa de ser um debate para ser um aprendizado para quem não sabe, a fim de possibilitar a discussão - Beth explica.

- Igualzinho aqui em casa... – Leo fala com ironia, enquanto Carlos permanece em um silêncio encabulado[69].

- Fred e Beth, o que vocês disseram foi muito inspirador. Quando eu e o Leo casarmos, vai ser assim. Sentaremos todos os dias à noite, falaremos sobre o dia e ouviremos um ao outro – Helena idealiza.

- Não se esqueça de definir o que é apoiar. Nós decidimos que apoiar era se preocupar, cuidar e ser sincero, buscando o que era melhor para a família, mesmo que isso significasse alguma divergência inconveniente – Fred explica.

- Exato. Pois, muitas vezes, o casal não quer discutir situações difíceis, incômodas e empurra a sujeira para debaixo do tapete. Não somos perfeitos, apenas nos esforçamos para cuidar um do outro. Muitas vezes, isso significa discordar ou abordar assuntos inconvenientes, que normalmente ninguém quer falar sobre. – Beth completa.

Joana ouve admirada, enquanto Carlos permanece em silêncio. A posição de Carlos já incomoda os convidados, que se sentem responsáveis pelo mal estar do anfitrião. Felizmente, o assunto se esgota. Leo chama Fred para continuar o papo no sofá, as mulheres retiram os pratos da mesa, enquanto Carlos pede licença para ir ao banheiro. Fred comenta:

- Acho que seu pai ficou chateado.

- Relaxa. Ele fica assim no início, depois de um tempo, reconhece os erros e que o papo ajudou.

- Espero. Não queria deixá-lo triste, após nos receber tão bem.

- Ele vai se recuperar e ainda vai agradecer. Você verá.

- Está bem.

- Existe algo específico sobre o que você falou?

- Falamos sobre muitas coisas.

- Sim. Refiro-me a essa atitude de buscar opiniões opostas para gerar reflexão e aprendizado.

- Com certeza. Podemos chamar essa oposição de ideias de **dialética**.

- Fale em Português.

---

69 encabulado – sem graça, envergonhado

- O debate dialético já era praticado na Grécia clássica, mas um pensador alemão, chamado Hegel, deu uma nova importância. Enviarei alguns *links*, você estuda e mande as dúvidas.

- Está bem.

Carlos retorna do banheiro, senta-se no sofá e pergunta para Fred:

- Como faço para aprender um pouco mais isso, que falamos no jantar?

Leo olha para o amigo como se dissesse: "Não falei. Conheço o meu pai".

* * *

CAPÍTULO 23

No dia seguinte ao jantar, Carlos e Leonardo combinaram de estudarem juntos (!!!) as ideias propostas por Fred. O pai convenceu o filho ao convidá-lo a desenhar um processo de tomada de decisão, para a Escola Da Vinci, utilizando a dialética hegeliana. Eles começaram lendo o resumo a partir do *link* enviado pelo pedagogo:

A DIALÉTICA

A **dialética** é uma atividade bastante praticada na filosofia. Desde a antiguidade, o termo significa o diálogo entre pessoas que, partindo de diferentes pontos de vista, pretendem chegar, pela lógica, a um consenso e definir a verdade sobre um assunto. A dialética pressupõe a **honestidade intelectual** e só é possível quando os interlocutores realmente têm a intenção de encontrar a verdade, ainda que isso custe o abandono das ideias defendidas anteriormente.

Por essa razão, a dialética é diferente de um simples debate. Em um debate, os adversários procuram impor seus pontos de vista sobre os outros, mas geralmente não estão realmente dispostos a mudar de posição sobre o tema. Quem perde um debate continua defendendo o que já defendia.

Existe outra diferença entre a dialética e o debate. Em um debate, é comum o uso de artifícios da retórica. A retórica é a arte de manipular o discurso – as palavras, as expressões, as inclinações da voz, os gestos corporais – para convencer as pessoas. Os utilizadores da retórica sabem inclusive utilizar argumentos sofísticos, que são argumentos aparentemente lógicos, mas não tem validade formal: são argumentos elaborados com o propósito de enganar a inteligência dos adversários e do público.

Já na dialética, os argumentos não devem manipular as pessoas: é preciso que sejam expostos com clareza e seguindo uma ordem lógica, para que possam ser analisados de modo direto pelos interlocutores.

No século XVIII, o filósofo alemão **Georg Friedrich Hegel** (1770 – 1831) defendeu que toda a história do mundo segue um padrão dialético: as contradições internas dos processos históricos são superadas por uma ordem mais elevada, na qual surgem novas contradições que precisam ser igualmente superadas por uma ordem ainda mais elevada. De modo simplificado, pode ser dito que, para Hegel, a história é semelhante a uma argumentação: a uma tese, segue-se uma antítese; delas surge uma síntese, que constitui outra tese e contra a qual se levanta outra antítese, continuando sempre o mesmo movimento.

A atividade dialética é muito útil, tanto na ciência quanto na vida cotidiana. Na ciência, é a dialética que promove o desenvolvimento do conhecimento, revelando os argumentos racionais e experimentais a partir dos quais os cientistas defendem suas teorias, e abrindo o espaço para que outros cientistas formulem teorias diferentes e alternativas; é a discussão entre propositores de diferentes teorias que impele o progresso da ciência.

Na vida cotidiana, a dialética não é menos útil: uma atividade dialética nos força a considerar diferentes pontos de vista sobre um assunto, tornando-nos mais tolerantes com quem pensa de modo diferente e mais conscientes das diferentes possibilidades de agir. Afinal, pela dialética nós podemos conhecer, com profundidade e clareza, os argumentos que outras pessoas possuem ao defender perspectivas alternativas; conhecendo a fundo mais perspectivas diferentes, podemos dispor de mais informações para tomar decisões e passamos a ter, em nossa vida, uma variedade maior de escolhas a respeito dos assuntos mais diversos.

Após lerem e relerem o material indicado por Fred, Leo pergunta:

- E aí, pai, ainda quer falar sobre isso?

- Quero sim. Por que pergunta?

- Sei lá... Não imaginei que você fosse gostar de Filosofia.

- O que fiz para merecer esse tipo de preconceito?

Leo decide ser sincero e dispara:

- É porque eu sempre o vejo falando de dinheiro e dinheiro. Fico com a impressão que é somente isso que importa para você. E não sei como o que acabamos de ver pode te ajudar a ganhar mais grana.

Carlos até tem vontade de dar uma resposta explosiva, mas respira fundo e resolve não rechaçar a fala sincera e genuína do filho. Calmamente, ele explica seu ponto de vista:

- Desculpe, filho, mas acho que você cometeu alguns erros. Em primeiro lugar, você pode ter a impressão de que só falo em dinheiro, pela incidência que isso acontece, mas a afirmação não é totalmente verdadeira. Ontem, por exemplo, falamos sobre outros assuntos que não tem relação com dinheiro. Dois: se eu falo muito em dinheiro é porque é um assunto que me preocupa e, graças a isso, nada falta aqui em casa. Três: estou estudando o tema com você porque me interessei e acredito que me ajudará na empresa em dois aspectos: melhorar o relacionamento entre os sócios e melhorar o desempenho da Escola, inclusive na parte financeira.

Leo fica constrangido com a lição de moral do pai. Ele reconhece o erro, pede desculpas e emenda:

- Só não entendi como o método dialético pode ajudar a tomar decisões na empresa.

- É simples. Achei muito interessante quando o Fred disse ontem que sempre busca outras opiniões, diferentes da dele, especialmente quando está muito convencido de algo e que isso o ajuda a ser mais eficaz. A cometer menos erros. Esse tipo de situação ocorre muito nas empresas, e na Escola Da Vinci não é diferente. Eu sou um dos maiores protagonistas disso. Quando tenho certeza de algo, não quero nem ouvir outros pontos de vista.

- E aí?

- Aí que muitas vezes eu erro, quer dizer, nós erramos, tomamos decisões erradas, pois estamos cegos, convencidos de termos na mão a melhor ideia. E o que é mais interessante, muitas vezes isso aconteceu quando todos os três concordavam sobre o assunto.

- É aquele ditado popular: a unanimidade é burra!

- Isso mesmo. Veja, em todos os lugares que trabalhei, as pessoas ficavam felizes, quando todos concordavam sobre a questão, pois era mais confortável. Aqueles que questionavam eram considerados chatos e inconvenientes...

- Como o meu tio?

A pergunta do filho foi em cheio. Carlos mudou de ideia recentemente e concorda:

- É... Como o Xandão. Só agora percebo isso.

- E o que você vai fazer?

- Agora, acredito que o conflito de ideias, entre mim e o seu tio, por exemplo, é benéfico para a organização. Assim, vou criar um processo padrão para, através do método dialético, discutir propostas para aprimorá-las.

- Você diz propostas como a possibilidade de venda da empresa?

- É um bom exemplo, sim.

- E você está disposto a perder o debate, quer dizer, a conclusão final pode ser dizer não para a venda?

- Sim, estou disposto. Quando se está em um grupo, é preciso entender que nem sempre vai acontecer aquilo que você queria. Isso serve para a empresa em que você é sócio, seu grupo de amigos ou sua família.

- Fico feliz que tenha chegado a essa conclusão. Não acho que seja assim que funcione aqui em casa.

- Você tem motivos para dizer isso. Quer dizer... tinha motivos... Espero conseguir mudar isso, agora.

- Tomara.

- E tudo isso graças à sua iniciativa de estudar Filosofia.

- Valeu!

- Você vai me ajudar a construir esse processo de tomada de decisão usando a dialética? Sugiro fazermos um *brainstorming*[70] para começar.

- Eu te explico o pouco que sei sobre Filosofia, e você me explica esses termos administrativos.

- Combinado.

Pai e filho trocam um soquinho de cumprimento e iniciam o trabalho. O processo foi muito rico. Eles aprenderam um com o outro, reforçaram a relação pai-filho e conseguiram construir um processo inovador de tomada de decisão, baseado em um debate dialético. Carlos surpreenderá os sócios em sua próxima reunião.

* * *

70 brainstorming – reunião para criar e trocar ideias

CAPÍTULO 24

Depois de considerar superada a crise em seu relacionamento, Leo tem dedicado bastante tempo na tarefa requisitada pela professora de Biologia: construir uma definição pessoal de sustentabilidade e reunir valores que considere essenciais para uma sociedade mais justa e perene[71]. Para ajudar a formular a definição pessoal, a professora vem passando pequenos trabalhos como o de crise energética, que ele está fazendo com Sid. Leo tem se esforçado muito para tirar uma boa nota.

A fim de estudarem para o trabalho, Helena o chamou para um programa inusitado[72], pelo menos para um casal de jovens: uma exposição em um Centro Cultural. Leonardo só concordou porque era uma exposição de fotografias sobre projetos ecologicamente corretos. O casal adorava fotos e eles poderiam reunir informações que ajudem na tarefa escolar mais difícil, no momento.

Chegando ao local, Leo impressiona-se com a quantidade de pessoas presentes. Ele comenta com a namorada:

- Fila??? Pensei que somente nós viríamos aqui hoje.

- É porque você acredita que todos são incultos como você, que só se interessa por filmes de ação e videogame.

- *E não é?* – O garoto pensa.

Após alguns minutos de espera, o casal entra no hall da exposição principal. Próximo à entrada, eles encontram uma série de imagens de prédios verdes, alguns construídos e outros somente na maquete.

- Olhe, amor, que incrível!

- Maneiríssimo.

Enquanto Leo limita-se a admirar as imagens, Helena quer saber tudo sobre elas: quem fotografou, onde, quando e por quê. Ela cutuca o namorado e diz:

- Veja, Leo, o tamanho deste telhado verde.

- Telhado verde? O que é isso?

- Você não está vendo... – Helena responde como se Leo não tivesse percebido o óbvio: todo o telhado do prédio foi coberto por vegetação.

- Lógico que eu vi a cobertura. Mas por que isso?

---

71 perene – permanente

72 inusitado – diferente, fora do comum

- É uma técnica pró-sustentabilidade. Ela promove algumas vantagens para o ambiente. Posso te citar duas: ajuda a regular a temperatura, tanto em baixo como ao redor, e aumenta o sequestro de carbono.

- Interessante. Imagine se tivéssemos esse tipo de cobertura em todos os prédios da cidade.

- Já seria uma grande melhoria para a cidade.

A dupla continua o seu *tour* e constata que as fotografias belíssimas com a inserção da natureza no meio urbano atendem a critérios funcionais, além dos estéticos[73]. Eles encontraram algumas soluções para problemas urbanos, que envolvem vegetação, como ecoesgoto, plantio em arranha-céus e *wall farms*. O *gran finale* ficou para uma série de fotografias retiradas em Cuba, com a prática de permacultura[74], em diversas casas, em Havana. Isso foi muito motivado pela crise energética vivida pelo país, no início da década de 90, devido ao colapso da antiga União Soviética, parceira e grande mantenedora da ilha caribenha. Na época, o país se viu sem combustível, o que dificultava o transporte de alimentos, forçando as pessoas da cidade a plantarem sua própria comida. Dessa forma, os cubanos transformaram a crise em oportunidade, pois sem espaço, foram obrigados a plantar em suas próprias casas. Eles usavam de criatividade, utilizando os telhados, jardins e varandas do jeito que podiam.

Depois de percorrer toda a exposição, Helena e Leo sentam-se em um café local, a fim de conversar sobre o que viram, como verdadeiros apreciadores de arte.

- E aí, meu amor, o que achou? – Pergunta a garota.

- Do que exatamente você está falando?

- Ora, da exposição.

- Da exposição ou do passeio?

- Vamos falar da exposição, primeiro.

- Achei incrível. As fotografias mostravam coisas bacanas de duas propostas: a vida urbana e o respeito ao meio ambiente.

- Respeito ao meio ambiente e às pessoas, pois a atitude de preservação beneficia a todos, já que dependemos dos recursos naturais para sobreviver – Helena complementa.

- Você tem razão.

- Fico me perguntando... Por que será que existe esse conflito entre ambientalistas e empresários? Meu pai me disse outro dia que no mundo de hoje, as

---

73 estéticos – visuais, relativos a aparência, a beleza

74 permacultura – técnica de plantio que respeita os limites da terra

empresas têm muito mais poder que os governos. Portanto, se existe uma oposição é entre aqueles que estão no comando, nesse caso, que tomam decisões irresponsáveis em relação ao meio ambiente, e aqueles na oposição, que defendem ações ambientalmente responsáveis.

- Acho que rola uma inércia[75].

- Usando conceitos de Física, agora, hein.

- Pois é... Acho que as organizações de uma forma geral estão acostumadas a usar os combustíveis fósseis, a desmatar para aumentar a produção agrícola e extrair os recursos naturais para movimentar a economia.

- Estão acostumadas e ganham muito com isso. Não é só uma inércia passiva, é uma acomodação conveniente.

- Sim. É cômodo para as empresas e para a maioria das pessoas. Do contrário, teríamos mobilizações e transformações a partir da sociedade civil, como já ocorreu em outros momentos, como vimos na aula da História. Não se esqueça da Revolução Francesa.

- É mesmo. Às vezes, culpamos os empresários e esquecemos que todos temos responsabilidade.

- Culpar os outros é o caminho mais fácil – Leo sentencia.

- Mas temos motivos para ficar otimistas. De um tempo para cá, a quantidade de inovações e medidas voltadas para um desenvolvimento sustentável está sendo enorme.

- Também estou otimista, pois tenho a mesma impressão. Está rolando uma conscientização de todos, pelo menos de muitos. Pessoas que nunca se preocuparam com seu consumo e seus resíduos estão conhecendo outras práticas e mudando seus comportamentos. É empolgante ver minha mãe preocupada com o tipo de eletrodoméstico que irá comprar por causa da eficiência, separando o lixo; meu pai indo trabalhar de transporte coletivo etc. Toda essa mudança começa com a conscientização, buscar o conhecimento, como Platão contou com a Alegoria da Caverna.

- E depois?

- Uma vez consciente de que você precisa construir o verdadeiro conhecimento, existem várias maneiras de fazê-lo. Fred me ensinou sobre questionar os seus paradigmas, que seria verificar se suas ideias estão certas através do uso da razão; a aprender com suas experiências, ou seja, estar atento e traduzir suas vivências; e, agora, buscar opiniões diferentes para diversificar suas ideias, gerando aprendizado.

---

75 inércia - imóvel

- Uau! Você está afinado na Filosofia mesmo. Como seria isso tudo em relação à questão da sustentabilidade?

Boa pergunta. Leonardo pensa bastante e responde:

- Primeiro, eu colocaria uma pergunta essencial: Qual o objetivo das pessoas na vida?

- Serem felizes.

- Sim. Mas como fazem isso? Vivemos em uma sociedade em que a máxima é a liberdade individual. As pessoas a utilizam para serem felizes, mas se esquecem que vivemos em comunidade, e que o ato de um afeta o outro, quer dizer, a todos. Acho que as leis, que regem essa questão, não são suficientes para garantir uma sobrevivência mínima digna a todos e a sustentabilidade social e ambiental. Por isso, a necessidade da transformação cultural, que falamos em sala.

- O que isso tem a ver com a prática da Filosofia?

- Pois é... Se as pessoas buscassem o conhecimento para o bem comum e a sustentabilidade da sociedade, teríamos ações compatíveis com isso. Poderíamos utilizar os pensamentos que te disse e outros para esse fim. Porém, o objetivo das pessoas é outro, e, nesse caso coerentemente, elas usam suas forças para alcançá-lo. Portanto, o problema está nos objetivos e valores, como eu disse, e não na forma como o conhecimento é produzido.

- Você me convenceu. As aulas com o Fred têm sido muito boas, não?

- Parece que sim. E sobre o passeio? Gostou?

- Aham. Confesso que foi algo novo para mim, um programa que eu tinha muito preconceito, mas valeu à pena. É bom fazer algo diferente para fugir da rotina.

- É mesmo. Mas nem toda rotina é ruim, quer ver.

A garota aproxima-se e dá mais um beijo no namorado, como faz sempre. Doce rotina.

* * *

CAPÍTULO 25

Leonardo e Sid foram muito bem na apresentação do trabalho sobre crise energética. Leo inspirou-se na importância da experiência e em uma indicação de sua sogra: a Ética do Cuidado. Depois de estudar um pouco sobre o assunto, ele o relacionou à alienação e ao consumismo, sendo este último o grande responsável pela hiperprodução-consumo da sociedade atual, o que pressiona os recursos naturais, como energia. A tese defendida por Leonardo foi que as pessoas deveriam consumir somente o essencial para sua sobrevivência, para uma repartição mais equilibrada dos recursos naturais, reduzindo desigualdade social e a miséria de uma forma geral.

Depois da aula da professora Raquel, em que as duplas apresentaram seus trabalhos, os alunos desceram para o intervalo. Leo compra o seu lanche, com Helena e Sid. O trio caminha para o cantinho tradicional do pátio, onde costumam lanchar e conversar. Quase chegando ao destino, Leonardo é interpelado[76] por um colega.

- Leo, posso te falar uma coisa? Discordo do que você colocou em seu trabalho.

Jorge era um aluno tímido, com notas medianas e viciado em tecnologia de uma forma geral. Leo nem se lembra da última vez que falou com ele, mas se interessa pelo papo:

- Como assim, Jorge? – Leo pergunta, no instante em que eles alcançam o cantinho do pátio e se sentam no banco. Jorge permanece em pé e responde:

- Do jeito que você falou, parece que, se consumíssemos menos, resolveríamos todos os problemas do planeta.

A fala de Jorge é incisiva, mas Leo não recua:

- Eu acredito nisso.

- Isso não é verdade. Pode ser cruel, mas a pobreza de uns possibilita a sobrevivência de outros.

- COMO ASSIM??? –Helena se intromete e pergunta, revoltada.

- Como eu falei, é cruel, mas é verdade. Entendam... Hoje a população é gigantesca e não há recursos para todos. Muitos discursos crucificam os norte-americanos, mas eles não precisam ser o exemplo para termos um caos. Se cada ser humano consumisse como uma classe média brasileira, já não haveria recurso para todos e seria a falência do planeta. E nesse caso a morte de todos.

---

76 interpelado – chamado à atenção, levou uma bronca

- Então, você está dizendo que as pessoas devem continuar pobres. É isso? – Sid empareda Jorge.

- Não. Não acho que essa é a solução. Só estou dizendo que foi muito bonito o que você disse, mas não resolve o problema. Foi exatamente a competição que promoveu(e promove) todos os avanços científicos, que melhoram nossas condições de vida e resolvem problemas como precisar alimentar sete bilhões de pessoas no planeta. Se você eliminar essa "concorrência", iremos estagnar cientificamente e o problema se agravará.

- Jorge, então qual seria a solução? – Helena pergunta.

- Acho a competição essencial na nossa sociedade, pelos avanços que ela gera. Acredito que a solução seja por aí: pela Ciência. Também acho que iremos melhorar nossa maneira de produzir alimentos e casas. Descobriremos curas para as doenças. Construiremos meios de transporte e aparelhos mais eficientes. E ampliaremos a produção de energia. Resumidamente, acredito na ecoeficiência[77], na melhoria de nossos sistemas e processos.

- É muita arrogância de sua parte. Isso se chama antropocentrismo, sabia? – Helena é ríspida com o colega. Leo intervém:

- Calma, Lena. O Jorge apresentou um ponto de vista interessante.

Sid e Helena olham para Leo, incrédulos. Como ele poderia defender as propostas de Jorge. O garoto completa:

- E, antes de me reprovarem, escutem. Você também, Jorge.

O colega pró-Ciência concorda. Leo começa a sua explanação.

- Temos duas propostas aqui que parecem opostas. De um lado, eu defendo que a solução deve vir por uma mudança cultural. As pessoas devem rever seu consumo, reduzindo para o essencial e repartindo o "bolo" de modo mais equilibrado. O Jorge trouxe outra proposta. A solução virá pela pesquisa científica, ele continua a acreditar nas descobertas do homem e na sua capacidade de resolver os problemas do planeta. É isso, gente?

Leo pede para confirmarem a sua resenha[78]. Depois do ok de todos, ele apresenta aonde quer chegar:

- Eu tenho uma **tese**, o Jorge apresentou uma **antítese**, agora, vamos tentar construir uma **síntese**, seguindo o método dialético. Jorge, você concorda comigo que a miséria é um problema, e a desigualdade social um dos motivos, ou seja, não repartimos os recursos na melhor maneira?

---

77 ecoeficiência – econômico, que respeita o meio ambiente

78 resenha - resumo

- Sim. Concordo.

- Todos concordam? – Leo pede a concordância de seus amigos e é atendido.

- Eu também acredito na Ciência. A atividade científica tem papel fundamental na nossa sobrevivência neste planeta e na melhoria de nossas condições de vida. Também acho que precisamos melhorar nossos processos fundamentais, como produção de energia e alimentos. De forma alguma, podemos modificar nossa visão e condução das coisas, de forma que limite o progresso da Ciência, desde que seja para melhorar as condições vida das pessoas, não do padrão de vida.

Leo faz um discurso de consenso, unindo o melhor das duas propostas.

- Concordo com tudo o que você disse, Leo. Agora, você usou outro tom. Antes, seu papo estava utópico demais. É claro que eu acho um problema a desigualdade social, mas não é qualquer blablablá que irá resolver.

- Com certeza, Jorge. Eu, simplesmente, creio que precisamos caminhar, precisamos melhorar isso. E não vejo outra forma além de uma mudança de valores. Foi isso que eu e Sid propusemos no trabalho.

Todos abandonam suas posições agressivas em favor do consenso. Jorge despede-se:

- Valeu, galera. Foi bom o papo.

- Te agradeço. Jorge, porque você disse coisas importantes, que mudaram a minha visão também.

Jorge abandona o grupo, e Sid fala:

- Caramba! No início, eu estava com vontade de dar uma porrada nele!

- Eu também – adiciona Helena.

- Normal, galera. É difícil conviver com opiniões diferentes. Lena, lembra do nosso papo no Centro Cultural?

- Qual parte?

- Você falou sobre a oposição permanente entre empresários e ambientalistas. Acho que presenciamos algo parecido agora. Eu defendi, na apresentação, uma posição totalmente ambientalista, enquanto o Jorge prestigiou a Ciência e o Empreendedorismo. Depois, nós conseguimos fazer uma síntese rica, com as melhores propostas de cada lado, não foi?

- Acho que sim. Devo admitir que você se saiu muito bem, amor – Helena elogia.

- Sabe o que eu achei mais maneiro? Repararam como a postura de todos mudou, depois que concordamos?

- Fato – sentencia Sid.

- Tive uma ideia excelente, agora.
- É mesmo? Fala aí – pede Sid.
- Agora não. Depois eu conto para vocês.

E com esse ar de suspense, os amigos encerram o papo. O *insight* de Leo foi especial e seu pai será o primeiro a saber.

* * *

CAPÍTULO 26

- Oi, pai.

- Oi, filho, tudo bem?

Leo procura "seu velho" após o jantar, quando ele estava sentado no sofá assistindo ao telejornal noturno.

- Tudo. Como estão as coisas na empresa?

- Estão melhorando. Depois do nosso estudo sobre dialética, passei a ter uma atitude diferente frente às ideias do Xandão e isso tem nos ajudado muito a nos entendermos.

- Irado! Fico muito feliz por isso.

- Fique mesmo, pois você teve papel essencial nisso.

O garoto fica todo orgulhoso de si. E com sua autoestima nas nuvens, resolve dividir algo com o pai:

- Queria te mostrar uma coisa. Vou te atrapalhar?

- Não, de forma alguma. Essas notícias são sempre as mesmas. Não vou perder nada importante.

Leo puxa um papel e apresenta para seu pai um esquema.

PROCESSO FILOSÓFICO PARA TOMADA DE DECISÃO

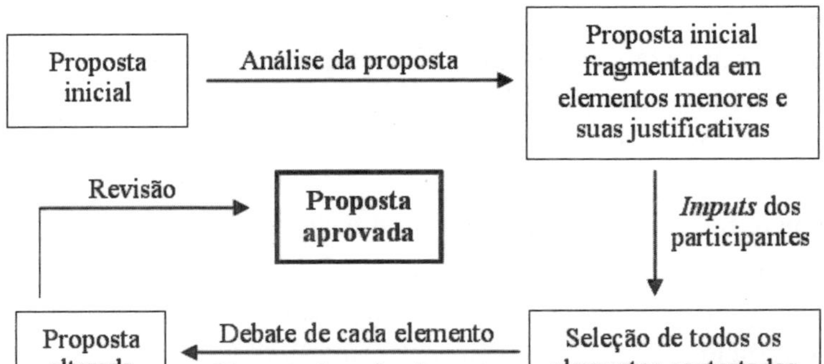

- Bonito fluxograma, hein – Carlos elogia.

- Fluxo... o quê?

- Fluxograma. É uma cadeia de processos. Você ordenou o que precisa ser feito.

Uma espécie de passo a passo.

- Entendi. E o que o senhor achou?

- Achei muito bacana. Parabéns!

- Valeu! E o que mais?

- Como assim?

- Ué! Espero ouvir suas críticas. Desenhei esse processo exatamente para combater as unanimidades e falta de análise crítica. Não faz sentido não receber nenhuma sugestão de mudança.

- Hahaha... Você realmente pegou o jeito da parada, não é?

- Espero que sim. Fala aí.

O pai olha com mais cuidado, procurando algo que discordasse ou que quisesse acrescentar.

- Tenho uma sugestão.

- Pode falar.

- Depois da revisão, você poderia acrescentar um "Todos de acordo". Se sim, beleza, a proposta está de fato aprovada; se não, o processo volta para o início.

- Volta para o início? Tudo de novo?

- Aham. Você não está propondo um processo para que todas as opiniões sejam consideradas? Para que todos participem, não se sintam excluídos e minimizem as brigas?

- Isso mesmo.

- Então, penso que todos devem concordar e precisamos esgotar o diálogo ao máximo. Isto é, por mais que seja cansativo, se alguém não aprovar, é preciso girar o processo novamente, ouvir as discordâncias e tentar atendê-las.

- Entendi. Mas vai ser punk, hein.

- Conviver com as opiniões diferentes é fácil?

- Não.

- Aprendi que preciso melhorar e estou disposto a doar meu tempo e minha energia para fazer isso acontecer. Não vejo outra forma.

A explicação do pai ajuda Leonardo a lembrar da Ética do Cuidado.

- Interessante.

- O quê, filho?

- Você falando me fez lembrar uma coisa que conversei com minha sogra. Falamos sobre a importância de cuidar uns dos outros, de valorizar as pessoas em detrimento de outras coisas, como prestígio e bens materiais. Doar sua atenção e tempo, a fim de ouvir a opinião dos outros e buscar exaustivamente[79] atender às necessidades dos outros, é um ato de cuidado, um verdadeiro ato de amor.

Carlos balança a cabeça afirmativamente.

- Você conseguiu unir razão e emoção. Muito bacana.

O garoto agradece os elogios do pai mais uma vez com um gesto.

- Você me dá uma cópia? Vou levar para a Escola e passar para a rapaziada pensar sobre.

- Com certeza. Vai ser maneiro ver em prática uma coisa que planejei.

Carlos estica-se, dá um beijo na testa do filho e diz:

- Às vezes, falamos bobagens, coisas que não sentimos, pensamos ou queremos dizer. Por mais que briguemos em alguns momentos, eu nunca deixei de te amar e sentir orgulho de você.

O garoto se emociona. Outro dia estavam brigando, agora renovam sua parceria e amor.

- Está bem, pai. Eu também te amo!

Como é bom dizer isso. Leo levanta-se com uma energia extra, que só momentos assim proporcionam.

PARA PENSAR...

1) Fred afirma que é difícil chegar a um consenso, quando os objetivos são diferentes. Você concorda?
2) Qual a importância de buscar a opinião das pessoas que pensam diferente de nós?
3) Beth cita a importância de evitar um "jogo de poder" no relacionamento, ou seja, a necessidade de estar certo e vencer as discussões. Como a honestidade intelectual pode ajudar nesse sentido?
4) Como você resumiria a dialética?
5) Você concorda com Carlos, quando ele afirma que o conflito de ideias opostas é benéfico para uma empresa ou organização?
6) Considerando a dialética, você acredita que o trabalho de Leo ficaria melhor se ele tivesse feito com o Jorge?
7) Qual crítica ou sugestão você teria ao processo de tomada de decisão proposto por Leonardo?

79 exaustivamente – cansativamente

Lição 5: Resista à Massificação

CAPÍTULO 27

No final de semana, Leo, Helena, Xandão e Mariana foram convidados pelo tio da menina para irem ao Tô de folga. Leo aproveitou a oportunidade ao máximo. Renovou-se com o ar e a paisagem do campo, curtiu a namorada e os amigos mais intensamente e ainda bateu outro papo superbacana com sua sogra. Esse fora motivado por um debate travado no jantar de sexta à noite, quando Nilton defendeu o liberalismo e a Ciência contemporânea, enquanto Mari e Xandão contestaram. Apesar de cada parte sustentar seu ponto de vista até o fim, a discussão serviu para Leonardo abrir sua mente para outro questionamento: como utilizamos o nosso conhecimento.

Leo e Ada conversaram no dia seguinte ao jantar-debate, logo pela manhã. A sogra sinalizou para Leo que a produção de conhecimento nos dias de hoje também estava sujeita aos valores contemporâneos, como a competição e o individualismo. Dessa forma, a humanidade não conseguia direcionar os recursos na busca científica em favor do bem-estar da maioria da população.

Leonardo gostou bastante das ideias apresentadas por Ada, mas queria confirmá-las ou até mesmo encontrar outro ponto de vista. O assunto é muito importante, pois o garoto utilizará esses conceitos no seu trabalho sobre sustentabilidade. Por isso, quando chegou em casa no domingo à noite, correu para a internet a fim de trocar ideias com seu filósofo particular, Fred. Coincidência ou destino, o amigo já havia enviado uma mensagem para ele, via rede social.

> - Como está, Leo? Você viu o jogo do Fluzão hoje? Na próxima quarta, jogaremos em casa pela liderança. Estou a fim de levar o Gabriel pela primeira vez ao Maracanã. Quer ir conosco?

O garoto vibra com o convite.

- Perfeito! Maraca + futebol + amizade + filosofia! Só faltou a Helena nessa equação.

* * *

Os amigos combinaram em frente à estátua do Bellini, na porta do estádio, uma hora antes do início da partida. Leonardo é o primeiro a chegar e ainda aguarda cinco minutos por Fred e seu filho. Quando o pedagogo chega, de mãos dadas com seu filhinho, eles se cumprimentam, e Fred ironiza:

- Pensei que você estaria proibido de me encontrar, depois daquele jantar em sua casa?

- Hahaha... Não mesmo. Saiba que está tudo ótimo lá em casa. Até fiz as pazes com meu pai, na semana passada.

- Show! Fico muito feliz em saber.

- Você ajudou muito nisso.

- Bobagem. Você é o responsável, só sopro uma coisa ou outra no seu ouvido. Vamos entrar?

- Vamos sim. Segure bem o Biel, pois sabe o tumulto que é na entrada.

- Fique tranquilo. Levarei ele no colo.

Os três compram os ingressos, entram no enorme estádio e procuram um lugar vazio, para que o pequeno Gabriel fique mais à vontade. Já acomodados, Fred comenta:

- Hoje, deve encher.

- É mesmo.

- A torcida está empolgada com a possibilidade da liderança.

- Fato.

- Viu o jogaço do último final de semana? Que virada espetacular!

- Pô, nem vi. Só fiquei sabendo do resultado.

- Não viu? Pensei que você fosse doente pelo Fluminense.

- E sou, mas fui para o sítio do tio da Lena, no final de semana. E, lá, não há clima para ficar vendo TV. Quando cheguei, corri para saber o resultado do jogo.

- Entendi. E o final de semana bucólico[80]? Foi maneiro?

- Foi sim, muito maneiro. Além de curtir o ar puro do interior, batemos vários papos-cabeça.

- Você está ficando viciado nisso, hein. Daqui a pouco, vai me dizer que fará faculdade de Filosofia.

- Não deixa de ser uma opção. Depois dos seus *helps*, vou pular uns três períodos.

- Hahahaha... Boa essa! Mas me diga, sobre o que conversaram lá?

---

80 bucólico – relativo ao campo

Os times entram em campo, e Leo faz uma breve síntese do debate sobre as motivações da Ciência contemporânea e sobre o papo com sua sogra. Ao final, ele pergunta:

- E você, Fred? O que acha?

- Sobre os objetivos da Ciência nos dias de hoje?

- Isso.

- Não acho que as regras que definem o funcionamento da Ciência sejam diferentes daqueles que regem a Economia, os Esportes ou a Educação. Tudo está interligado, sofrendo as mesmas influências.

- Isso não é ruim?

- Você acha que os valores dos dias de hoje são ruins?

- Acho.

- Vamos continuar no intervalo. Vai começar o jogo, ok?

- Está bem.

O tempo demora a passar quando um jogo de futebol é chato. A partida estava tão amarrada, que, ainda no primeiro tempo, Leo retomou o papo:

- Fred?

- Pode falar... O jogo está chato pra caramba mesmo!

- Por que você perguntou a minha opinião sobre os valores atuais da sociedade?

- Ué! Você não estava falando sobre isso?

- Não. No início, falávamos sobre os valores que guiam a Ciência.

- Claro, compreendo. Analise comigo: se você fosse um cientista, trabalhasse muito, se esforçasse por anos e, finalmente, descobrisse a cura do câncer, você não gostaria de ficar rico? Não acharia justo ter um reconhecimento a ponto de não se preocupar nunca mais com dinheiro?

- A minha sogra fez a mesma pergunta.

- E aí? O que você respondeu?

- Seria muito difícil abrir mão de tanta grana. Seria justo, não?

- Só você saberia o trabalho que deu. Acharia justo outras pessoas, que não fizeram nada, dizerem quanto você deve ganhar?

- Não.

- Olhem para os jogadores do nosso time. Eles ganham bem?

- MUITO bem.

- Você acha isso justo?

- Sei lá... É muito dinheiro para jogar futebol.

- Você precisa ver além disso. A atividade deles não é "só jogar futebol", mas mexer com a paixão de milhares de pessoas. Você estaria aqui para ver onze pessoas jogando bolinha de gude?

- Lógico que não.

- Quanto você pagaria de ingresso para ver onze caras jogando bolinha de gude?

- Em uma quarta à noite? Nem de graça.

- Pois é... Veja quantas pessoas estão aqui e pagando caro no ingresso. É só futebol que eles estão jogando?

- Não. Realmente, representa muito mais.

- Perceba que sua convicção foi construída ao redor de algumas premissas. Visualizei duas: 1) O mundo é uma porcaria porque as pessoas são individualistas; e 2) O conhecimento e os recursos precisam ser socializados[81].

- Acho que você fez uma boa leitura.

- Leo, pense cuidadosamente, antes de responder, está bem?

- Ok.

- Você acredita, realmente, nisso tudo que você tem dito?

A pergunta de Fred coincide com um bom momento do adversário, o jogo fica mais tenso, e Fred determina:

- Pense bem. No intervalo voltaremos a conversar.

* * *

- Por que você me perguntou isso? – Leo pergunta.

O primeiro tempo acabou zero a zero, apesar da pressão adversária nos últimos minutos. Fred convidou Leo para ir à lanchonete comer um cachorro-quente, uma espécie de tradição, para ele, em todos os jogos de Maracanã.

- Perguntei por perguntar – o pedagogo responde.

- Não mesmo! Qual foi a sua leitura dessa vez?

- Está bem, serei sincero. Achei que seu discurso sobre o assunto está muito pronto. Como se ele estivesse enlatado, você recebeu, abriu e agora o está usando.

- Poxa, Fred... Que isso!?!? – Leo fica ofendido.

- Não, meu amigo, não fique magoado, por favor.

O garoto não responde e continua cabisbaixo. Eles chegam até a lanchonete, onde encontram uma enorme fila. Os dois permanecem em silêncio até chegar a vez de pedirem.

---

81 socializados – integrados

- Leo, o que você vai querer?

- Pode ser um hot dog mesmo.

- E para beber?

- Refrigerante.

- Está bem. Segure o Biel e procure um lugar com menos tumulto. Já levo nosso lanche.

Fred faz o pedido e aguarda, enquanto Leonardo conduz Gabriel pela mão até um lugar mais tranquilo. O pedagogo retorna com uma bandeja cheia de *junk food*[82].

- Posso explicar a minha afirmação?

- Pode sim – o garoto concorda e tasca uma enorme mordida em seu sanduíche.

- Em primeiro lugar, quero novamente te elogiar. Sem demagogia[83], saiba que te acho muito inteligente e confio no seu crescimento ético e intelectual.

- Agora manda a porrada! – Leo já sabia que depois do elogio viria uma crítica.

- É sério... E o que eu vou te dizer agora é um privilégio, pois pouquíssimos garotos da sua idade poderiam ter esse papo comigo.

- Pode mandar, Fred. Tô tranquilo!

- Hehehehe... Te perguntei aquilo, pois acho que você está caminhando para poder ter as próprias opiniões.

- Ué! Eu já não tenho?

- Não sei. Será que tem mesmo? – Fred insiste na pergunta com firmeza e deixa Leonardo na dúvida. O amigo pedagogo continua:

- Não é para você ficar constrangido ou preocupado. Olhe ao seu redor e veja quantas pessoas estão aqui. Acredito que a maioria dos adolescentes e dos adultos não sabe o que está fazendo e está apenas seguindo "ordens", uma espécie de programação.

- E as crianças, não? Rsrsrsrsrs... – Leo ironiza, mas Fred leva a sério o que ele disse:

- Menos, bem menos. Olhe isso – Fred vira-se para o seu filho e diz: coma, Biel, é cachorro-quente.

O pequeno vira o rosto e se recusa a comer. O pai insiste:

- Coma, filho.

O garotinho responde:

- Eu não quero. Não estou com fome.

---

82 junk food - comidas de baixa qualidade nutritiva normalmente de lanchonete

83 demagogia - falsidade

Fred vira-se para Leo e pergunta:

- Quando você pediu e comeu este cachorro-quente – apontando para o sanduíche de Leonardo – você estava com fome?

Leo pensa um pouco e responde:

- Não, acho que não.

- Está vendo. O Gabriel tem três anos e ainda não foi "programado", ele dá respostas autênticas, baseadas no que está sentindo e nas suas necessidades. Quando ele estiver com fome, tenha certeza de que pedirá comida. E nós? Comemos porque é o intervalo, porque todo mundo está fazendo, não porque estamos com fome.

- Resumindo... paro de comer esse *hot dog* porque estou fazendo papel de bobo?

- Hahahaha... Não exagere. É um exemplo simples e o mais importante é o que podemos desdobrar[84] dele.

- Seja mais claro – pede, enquanto volta a comer o sanduíche.

- O exemplo serviu para mostrar para você, facilmente, que criamos certos hábitos, que poderíamos até chamar de vícios, que mascaram os reais objetivos de um processo. No caso, você come para se alimentar. O Gabriel não quis comer porque não estava com fome. E você? Comeu por que estava com fome?

- Não. E você?

- Eu também não estava com fome, comi por gula, porque estava com vontade de comer um cachorro-quente, porque tenho prazer com o gosto, porque me lembra do meu pai, já que sempre fazíamos isso. O ato de comer o sanduíche aqui não é só alimentação, tem um significado, mas não **é** disso que estamos falando.

- Então, do que é?

- Estou tentando te mostrar que precisamos escolher o que fazer, termos opinião própria, pois do contrário ficamos repetindo discursos e hábitos dos outros, seguindo "ordens", copiando uma programação que não foi escolhida e não nos faz feliz.

- Acho que estou começando a entender.

- Você gosta de cachorro-quente?

- Sim. Adoro.

- Ok. E de refrigerante? Você, realmente, gosta de refrigerante?

- Nem sempre. Às vezes, é gostoso, cai bem, como no cinema. Mas em outros momentos eu não acho.

- Mas você bebe assim mesmo, não?

- Sim. Como você falou é um hábito.

---

84 desdobrar – desenvolver, gerar consequências

- Exato. O exemplo do sanduíche ou do refrigerante é simples, não deve ser o foco da nossa conversa. Gostaria de voltar àquele papo sobre valores contemporâneos e Ciência. Não quero criticar o que você está dizendo, até porque concordo com muitos pontos, mas você acredita nisso tudo ou está repetindo discurso dos outros. Não precisa responder, é só para você pensar. É importante construir a sua personalidade, isenta[85] o máximo possível de manipulação.

Os torcedores começam a retornar para seus lugares, para assistir ao segundo tempo da partida. Leo, Fred e Gabriel também começam a se deslocar.

- Como assim manipulação? – Leonardo pergunta.

- A todo momento, nós manipulamos e somos manipulados, e, para ter opinião própria, precisamos distinguir o que é algo forçado, de fora para dentro, e o que foi escolhido por nós. Vou dar outro exemplo bobo, por que você torce para o Fluminense?

Mais uma vez Fred derruba o amigo-aluno.

- Ué... Porque sim, tem resposta para isso? – Leo, atordoado, devolve com uma pergunta evasiva[86].

- Por mais que seja muita emoção, há também lógica nesse tipo de escolha. Não é ao acaso. Pergunto: será que o seu pai te influenciou nessa escolha?

- Lógico que sim. Isto acontece com todo mundo – Leo tenta justificar.

- Tudo bem, não levantei o exemplo para te criticar, só para mostrar o que é uma manipulação.

- Você vai manipular o Gabriel ou vai deixá-lo escolher o seu time? – Leo desafia.

- É óbvio que eu vou manipulá-lo... hahahaha. Não sou perfeito...

- Entendo. Acho que também farei o mesmo.

Os jogadores já estão prontos em campo para dar continuidade à partida, quando o trio chega ao mesmo local que estavam sentados no primeiro tempo. Ainda há tempo para uma última dúvida de Leonardo:

- Fred, por que você me disse isso tudo?

- Por que você veio me perguntar sobre valores e Ciência?

- Pois será importante para o meu trabalho. Quero fazer algo bacana.

- Como falei anteriormente, acredito na sua capacidade, nem todos conseguem entender o que eu disse. Acho que isso o ajudará a produzir algo inédito, com a sua

---

85 isenta – livre

86 evasiva – sem conteúdo, para confundir o outro

cara. E precisamos disso, de inovação, de propostas de vanguarda[87]. Creio também que você pode ser um **super-homem**.

- Hamm???

- Um filósofo alemão, do século XIX, chamado **Friedrich Nietzsche** cunhou este termo. Para ele, estávamos destinados a uma vida doutrinada pelas instituições, como o Estado e a Igreja. Todos sucumbiam às diretrizes de grandes instituições e das formas de agir formatadas por elas. Somente poucos indivíduos conseguiam ver toda essa manipulação. Os poucos que conseguiam enxergar e rebelar-se contra elas eram considerados super-homens. Para isso, é preciso

Resistir à massificação.

- Você quer dizer as grandes manipulações? As manipulações das massas?

- Exato. Tudo começou porque identifiquei a sua fala carregada com o discurso ambientalista. Nada contra, só gostaria que fosse algo consciente, uma escolha sua, e não por modismo ou sentimento de culpa.

- Acho que entendi as suas ideias, Fred, mas precisarei de tempo para assimilar tudo.

- Com certeza. É algo bem complicado o que te falei. Veja... mesmo lições sobre Ética, como a Regra de Ouro, podem ser compreendidas como manipulação e ferramenta de controle social. Pois, imagine como seria uma sociedade sem regras morais, ou seja, onde as pessoas não seriam influenciadas por padrões de conduta.

- Seria uma guerra.

- Pode ser. Mas eu penso diferente. Sou um otimista e não acredito que seria um caos. Porém, independente dessa avaliação, acho importante você refletir sobre manipulação e massificação. Acredito na importância da busca pela nossa individualidade tanto para você, como para a sociedade, pela riqueza da diversidade.

- Está bem, Fred. Pensarei sobre isso.

Os dois se cumprimentam, e Fred convida:

- Agora vamos prestar atenção no jogo, que hoje sairemos daqui comemorando a liderança.

- Vamos mesmo.

O "profeta" Fred acerta em cheio. Aos vinte e dois minutos, o artilheiro do time acerta um chutaço de fora da área. Os dois comemoram como crianças, e Fred joga o filho, inconsequentemente, para cima seguidas vezes.

---

87 vanguarda – na frente, com inovação

No final, um a zero, e a liderança do campeonato garantida. Os amigos comemoram e Leonardo comenta:

- Fred, preciso admitir que nem estou chateado de descobrir que meu pai me manipulou para torcer pelo Fluminense.

* * *

CAPÍTULO 28

Leonardo chegou à sua casa uma pilha. Para quem gosta de futebol, assistir a uma partida à noite é péssimo para o sono. A adrenalina é tão grande, que você leva um bom tempo para conseguir dormir, e era exatamente assim que ele estava. Não adiantou tomar um banho quente antes, deitar e comandar a cabeça para "apagar".

Já que não conseguia dormir, ele resolveu aproveitar o tempo para pesquisar um pouco sobre a atitude filosófica apresentada por Fred.

NIETZSCHE E A CRÍTICA À MASSIFICAÇÃO

Friedrich Wilhelm Nietzsche (1844-1900) foi um filósofo alemão largamente influente no século XX. Nietzsche iniciou sua carreira acadêmica como estudioso das línguas clássicas (grego e latim), mas a parte mais importante de sua obra foi produzida posteriormente, entre 1878 e 1888. Nesse período, em que escreveu sobre temas especificamente filosóficos, Nietzsche pôs-se a tratar de questões relativas à qualidade da cultura e da sociedade de seu tempo.

Nietzsche acreditava que a civilização ocidental passava por uma grande crise. De acordo com ele, essa crise teria sido causada pela incongruência entre a moralidade judaico-cristã e a própria vida do ser humano. Nietzsche era radicalmente hostil a todas as formas de moralidade e de religiosidade, afirmando que elas produziam fraqueza e ressentimento nas pessoas; ele rejeitava a ideia da existência de Deus, assim como afirmava que a defesa do bem era produto da moral dos fracos. Para Nietzsche, a religião, a moral, Deus, o bem seriam fábulas que desvalorizariam os valores naturais, os valores de potência da vida. Essas fábulas teriam sido criadas pelos homens medrosos para convencer a todos de que o medo, a passividade e a submissão eram as únicas atitudes aceitáveis.

Se, por um lado, Nietzsche rejeitava as ideias comumente consideradas "do bem", por outro adotava outras. De acordo com Nietzsche, a vida é o valor supremo; todos os valores que acreditava serem contrários à expansão da potência da vida (como os valores morais) seriam valores excessivamente humanos e conduziriam a uma vida medíocre e contrária à própria vida. Em outras palavras, Nietzsche afirmava que a moral é contranatural.

Nietzsche criticava também a **massificação**. Para ele, a cultura de massas provoca o surgimento de indivíduos medíocres, sem individualidade e submissos à moral; ele via a massificação como uma força de niilismo (ou seja, de negação da vida) que destrói a vitalidade cultural e impede o surgimento de pessoas genuinamente livres. Ou seja: as pessoas que simplesmente reproduzem as ideias e os comportamentos da massa são agentes da decadência da espécie humana.

Por isso, Nietzsche defendia a necessidade da criação de arranjos sociais que permitissem o aparecimento de seres humanos excepcionais capazes de viver de forma independente e criativa, agindo sem preocupações morais ou religiosas e, assim, elevando-se acima do nível das outras pessoas. Essas pessoas seriam os "super-homens": aqueles que não teriam qualquer restrição moral na busca da potência de vida, ultrapassando e subjugando a sua própria excessiva humanidade e, por extensão, os homens que procuravam seguir os comportamentos padronizados.

A ideia do "**super-homem**" foi representada por Nietzsche no personagem Zaratustra: um homem que se afastava da humanidade excessiva por meio não da busca pela animalidade, mas por meio da busca de uma humanidade mais elevada, capaz de viver de acordo com sua própria vontade individual, sem se submeter a valores produzidos por outras pessoas.

Nietzsche era altamente crítico ao modo de pensar do senso comum; para ele, não há verdade absoluta e todos os conhecimentos são relativos a perspectivas específicas; isso significa que defendia que não existem fatos, apenas interpretações. Por isso, ele reconhecia o fato de que todas as afirmações – inclusive as que ele mesmo fazia – deveriam ser objeto de discussão, e não de simples concordância. Afirmava, além disso, ser necessário distinguir a plausibilidade das ideias (que estariam sempre em disputa) e o seu valor para a vida; as ideias deveriam ser seguidas não porque soavam bem ou porque eram plausíveis, mas sim porque aumentavam a potência da vida.

Como é evidente, Nietzsche foi um filósofo bastante polêmico. Afinal, propôs uma inversão no que se considerava moralmente desejável: o "super-homem", a meta do ser humano, não deveria ser o homem que busca ser bom e justo, mas o homem capaz de exercer, sem restrições morais, a liberdade, a criatividade e a individualidade. E para que o projeto nietzschiano de propiciar o surgimento do "super-homem" pudesse florescer, seria preciso rejeitar toda forma de massificação – na religião, na política, na cultura e em todos os aspectos da vida. Seria, portanto, necessário inventar uma nova cultura que criasse homens verdadeiramente superiores, homens verdadeiramente autônomos.

Apesar de feliz pelo conhecimento que adquiriu na pesquisa, é difícil aguentar tanta informação à meia-noite, depois de um dia movimentado. Leo só percebe que dormiu apoiado na mesa do computador às três horas da manhã.

* * *

Quando chegaram a casa dos Gomes, Leo puxou [illegible] quarto. Eles sentaram na cama do garoto, que [illegible] meias-palavras.

- Que isso, Leo! Do que você está falando???

- É isso mesmo. Ele está a fim de você.

A menina levanta-se da cama e parece não acreditar. Percebe-se [illegible] da notícia na namorada. Leo pergunta:

- Você não sabia, não é mesmo? – Em um tom de "acredi[illegible]"

- Lógico que não! E ainda não compreendi totalmente. De onde você [illegible]

- Ele me disse

- Como assim??? Que história maluca!

Leonardo, então, resolve contar a história completa.

- Vamos do início. Eu vi vocês almoçando juntos [illegible] atrás... – o garoto dá um tempo no relato, como se esperasse [illegible]. Helena entende e fala:

- Você nos viu? Ele pediu para almoçarmos para tirar [illegible] sobre a escola. Como você tinha um almoço com o Fred, não vi problema [illegible]

Leo observa atentamente a explicação da namorada. [illegible] ele aguarda essa resposta, que perturbou o seu sono diversas [illegible]

- Helena, acho que isso foi só uma desculpa para se aproximar de você.

- Sério???

Em um primeiro momento, ela refuta a hipótese, depois colabora para torná-la mais crível[53]:

- Pensando bem... Falamos muito pouco sobre a escola.

- E sobre o que vocês falaram? – Leo pergunta tenso.

- Falamos sobre vários assuntos, especialmente, sobre problemas ambientais.

- Ele fez isso para te impressionar.

- Será mesmo? – Helena continua inocente, ainda não vê malícia na atitude do colega.

Os dois ficam em silêncio por um tempo. Helena em pé, encostada na mesa do computador, e Leo sentado na cama, cabisbaixo. O garoto toma coragem e dispara uma pergunta essencial.

- Ele não fez nenhuma [illegible] Lena? Não [illegible]?

- Nada! Nada mesmo! [illegible] é enfática[54] [illegible]

---

53 crível – que se pode crer [illegible]

54 enfática – dar destaque [illegible]

CAPÍTULO 29

Leonardo chega acabado na aula, no dia seguinte. Na porta da sala, é recebido por seu melhor amigo:

- Que cara é essa camarada?

- Pô... fui ao jogo ontem – responde meio mal humorado.

- Mas o seu time ganhou, por que está tão estragado?

- Depois eu te conto. Vou tentar descansar um pouco antes da aula começar...

Leo corta o papo e deita a cabeça sob a carteira, mas não durante muito tempo, pois logo em seguida a professora Roberta, de História, entra em sala, animada como sempre:

- E aí, galera? Tudo bem?

- Tudo – muitos alunos respondem.

Helena também chega. Encontrando o namorado esparramado sobre a carteira, vira-se para Sid e pergunta baixinho:

- O que houve? – apontando para Leo.

- Ele foi ao jogo ontem – Sid responde.

- Ué! Mas o Fluminense não ganhou?

- Aham... Mas ele está cansado. Normal.

- Homens e futebol! Preciso aprender a conviver com isso.

- Hahahaha...

Sid gargalha com o comentário de Helena, enquanto a professora inicia a aula.

- Queridos alunos, hoje começaremos um assunto muito importante para a formação ética de vocês.

A "manchete" da aula desperta Leonardo de sua preguiça, e ele levanta a cabeça para prestar atenção à professora.

- Vamos falar sobre o Movimento Operário, Socialismo e a oposição ao Capitalismo. Começaremos exatamente por aqui: o que é o Capitalismo? Alguém sabe responder?

Tati, que conversava muito com o pai sobre filosofia, tinha uma ideia. Ela tenta:

- Professora é o mesmo que Liberalismo, não?

- Sim... Podemos dizer que sim. Você sabe o que é? – A professora pergunta.

- Acho que sei. É o sistema político-econômico que predomina no mundo hoje. Baseia-se no direito à propriedade privada, livre-concorrência e igualdade perante a lei.

- Muito bom, Tati. Todos entenderam?

A grande maioria concorda, e a professora prossegue:

- Quando a Tatiana falou em "direito", "liberdade" e "igualdade" – a professora usa um tom pejorativo[88], - todos imaginaram um sistema muito bom, certo? Afinal, como pode ser ruim isso? Porém, vou mostrar outro quadro. As Revoluções Burguesas, como a Revolução Francesa, foram essenciais para a sociedade conquistar uma emancipação, alcançar um Estado democrático, pois antes havia classes privilegiadas, devido **à** sua posição social. Liberdade, igualdade e fraternidade foram conquistados à força, o que foi um grande passo para a humanidade. Porém, o que se viu foi o poder trocar de mãos. A Burguesia liderou as revoluções e construiu uma sociedade que atende aos seus interesses. E, com o fim do Absolutismo, foi instaurado um "Estado Burguês" em que os donos dos meios de produção exploram os operários, os trabalhadores – a professora continua a sua exposição, mas demonstrando estar cada vez mais emocionada. Vou dar um exemplo, antes das fábricas, os artesãos trabalhavam por conta própria, tinham suas atividades e seu rendimento. O surgimento da indústria acabou com essas profissões, pois é impossível para um artesão concorrer com uma fábrica, não é justo. Agora, este habilidoso cidadão vai ser mais um trabalhador braçal, que vai apertar parafuso, como tantos outros. Seria isso igualdade? Enquanto muitos trabalham incansavelmente e ganham uma miséria, poucos lucram muito. Onde está a liberdade, já que o operário desprovido[89] dos bens de produção depende do capitalista para trabalhar e sobreviver?

O discurso da professora é contundente e sensibiliza a todos. Ela começa a ouvir declarações de apoio. João Felipe é o primeiro:

- Professora, creio também que nosso sistema seja um absurdo. É muito injusto, uma verdadeira exploração. Meu pai sempre diz: "a escravidão não acabou". Segundo ele, milhares passam fome, outros tantos trabalham muito e ganham o suficiente só para pagar as contas, enquanto uma minoria esbanja e gasta com futilidades.

João Felipe não desiste. Mãozinha no queixo e olhar para Helena no final do discurso. Leo não se abala com o "concorrente", mas fica incomodado, quando Tete se manifesta:

- Fessora, eu acho um crime este modelo sob o qual vivemos. É muita desigualdade social. Não pode uma pessoa possuir o meio de produção e "escravizar" as demais. Todos devemos ter as mesmas oportunidades.

---

88 pejorativo – desqualificado
89 desprovido – privado, ausente de algo

- Eu também acho, Teresa. Vivemos em uma democracia fictícia[90], ela não é real, pois os indivíduos não tem as mesmas condições.

O discurso de Tete, que Leo considera tão inteligente, similar ao de Roberta desperta o garoto para o papo que teve com Fred, no dia anterior. O pedagogo o tinha alertado para a manipulação no processo educativo e da importância de não repetir o discurso dos outros. Ele resolve levantar um questionamento:

- Fessora, a senhora deveria dar a sua opinião sobre isso?

A fala incisiva do garoto assusta a todos. Roberta não compreende a atitude do seu aluno e pergunta:

- Como é, Leonardo? Não entendi. Você pode repetir?

O garoto não abaixa a cabeça:

- Posso,sim. A senhora acha que deveria dar a sua opinião sobre o nosso sistema para os alunos?

Roberta fica irritada, e, se não fosse a consideração construída ao longo do tempo, teria tirado o garoto de sala.

- Leonardo, eu continuo sem entender. Você acha que eu não posso ter opiniões ou dividi-las com meus alunos? É isso?

- Não, não é bem isso. É o seguinte: do jeito que a senhora falou parece que os empresários são pessoas do mal, que estão aqui para roubar as almas dos pobres operários. Este tipo de discurso pode ser perigoso, afinal estamos em uma escola cheia de adolescentes que ainda estão construindo sua visão de mundo. Dessa forma, a sua influência é muito forte e você deve ter cuidado.

A coerência apresentada por Leo faz a professora recuar um pouco. Roberta percebe que ele não está louco ou drogado, mas apenas defendendo seu ponto de vista com veemência[91]. Ela resolve entrar no debate, certa de que sua maior experiência será suficiente para vencer o duelo. Já Leonardo tenta recordar as demais atitudes filosóficas aprendidas com Fred para usar como ferramentas.

- Você não acha que a televisão já não faz uma lavagem cerebral forte nos jovens? Se vocês não tiverem acesso a outras informações e opiniões vão permanecer alienados e acreditando que o mundo é cor de rosa, como nas novelas – Roberta argumenta.

A ficha cai para Leo: ele está encarando em um debate com a professora de História! É um grande desafio, mas uma chance única de praticar Filosofia. Ele respira fundo e responde:

---

90 fictícia – falsa, inventada
91 veemência – com intensidade

- Professora, a influência dos meios de comunicação é inegável na vida de todos. Os noticiários, por exemplo, são as fontes de informação de todos. Ficamos reféns, pois como ter certeza que há idoneidade[92] dos editores? Sem falar no fato de que é natural que eles façam suas leituras particulares do que e como apresentar, ou seja, eles filtram as informações o que é muito perigoso.

- Exato. Concordo com você.

- Outro exemplo, a senhora falou em novelas. Também acredito que muitas pessoas tomam essas histórias como realidade e, por isso, influenciam tremendamente de forma negativa. Pois, são ficções pobres que simplificam o mundo real.

- Então, você concorda comigo? É meu papel como educadora passar outras informações para os alunos.

- Mais ou menos. Vou explicar meu ponto de vista.

Leonardo recorda-se do Mito da Caverna e valoriza o papel da professora, em um primeiro momento:

- É essencial o seu papel como educadora no sentido de levantar questionamentos que passam despercebidos da maioria das pessoas, especialmente dos despreocupados adolescentes.

Quando a professora acha que "ganhou" o garoto, ele dá uma guinada[93] na sua argumentação:

- Entretanto, considero que você deu algo pronto para nós, hoje. Como educadora, a senhora deveria "ensinar a pescar" e não "dar o peixe".

- Explique melhor, quero entender – Roberta pede, enquanto a turma toda ouve atenta o discurso de Leonardo.

- Acho bacana levantar esse debate sobre sistema político-econômico, precisamos discutir isso aqui. Mas antes deveríamos aprender a analisar questões grandes como esta e a visualizar as consequências no nosso dia a dia, avaliando os prós e contras nas nossas vidas, a fim de realizar um julgamento baseado em prática também, não somente teoria.

Nesse momento, Roberta encontra-se no canto da sala e com olhar em um horizonte perdido. Ela reflete sobre as palavras do aluno e está prestes a dar o braço a torcer, quando Leo pede a palavra novamente:

- Tem mais uma coisa, fessora.

- Pode falar – Roberta consente, demonstrando certo desânimo.

Leo sinaliza a importância da dialética:

---

92 idoneidade – honestidade

93 guinada – mudança de caminho

- Acho que quando forem apresentadas duas propostas tão antagônicas, como Liberalismo e Socialismo, deve-se apresentar as características de ambos modelos, de forma imparcial, já que existem vantagens e desvantagens dos dois lados, e todos podem aprender com isso. Acredito que a senhora detonou o Capitalismo e "vendeu" o Socialismo, o que não é educativo.

Trimmmm!!!

Antes que a professora pudesse se defender, o sinal toca dando fim à aula. Roberta despede-se da turma:

- Bem, gente, infelizmente, não consegui terminar o que eu pretendia hoje. Entretanto, foi importante a defesa da tese do Leonardo. Pensarei sobre o que ele disse e gostaria que todos fizessem o mesmo. Retornaremos ao debate na próxima semana.

A professora sai de sala e um aluno comenta:

- Pensar sobre o quê? Não entendi nada.

* * *

CAPÍTULO 30

Leonardo passou o resto da manhã orgulhoso de si. Helena percebeu isso e não quis cortar o barato e incomodar o namorado com qualquer pergunta ou observação, já que não estava entendendo nada. Esperou a saída, quando iriam juntos para casa e poderiam conversar melhor.

Logo que saíram da escola, o garoto dispara:

- Pode perguntar, Lena?

- Ué! Perguntar o quê? – A menina tenta disfarçar.

- Não finja. Já estamos juntos há algum tempo e você não me engana mais. Quer saber por que eu discuti com a professora Roberta, não quer?

Helena ri, antes de confessar:

- Aahhhh, quero sim. Não entendi por que você fez aquilo. Afinal, você gosta tanto dela e das aulas de História.

- É verdade, gosto mesmo. E continuo a gostar.

- Foi por causa do João Felipe?

- Não. Por quê?

- Porque ele logo concordou com ela. Então, pensei que você a detonou para prejudicá-lo, fazê-lo pagar mico.

- Não foi isso. Para falar a verdade, nem percebi a fala dele. Para mim, esse assunto já morreu.

- Não consigo imaginar por que você fez isso. A professora ficou superbolada.

- É verdade, mas espero que ela esteja bolada com ela, não comigo.

- Como assim?

- Acho que você não entendeu o que aconteceu?

- Talvez não. Quer dizer não mesmo! Achei que você foi grosseiro com ela, entretanto você pareceu estar tão satisfeito com a situação. Não é a sua cara ser rude com ninguém, ainda mais com a professora que você mais gosta – Helena responde com cuidado, com medo de desapontar o namorado. Leo percebe e tenta acalmá-la, explicando melhor a situação.

- Lena, não foi grosseria, mas apenas um debate filosófico entre duas pessoas que defendiam posições opostas. Precisamos aprender a divergir e defender nossas opiniões, pois do contrário seremos apenas papagaios repetindo as ideias dos outros.

- Você está cada vez mais chato com isso!

- Com isso o quê? Seja clara, por favor.

- Com esta história de Filosofia.

Leo chateia-se com a resposta da namorada, mas esforça-se para respeitá-la:

- Está bem. Se você preferir, não falaremos mais sobre isso. Sem problemas.

- Não, meu amor. Não quis dizer isso.

- Então, o que você quis dizer?

- Quis dizer que você está ficando fera no assunto e por isso mais rigoroso com tudo e todos.

O garoto concorda com a observação da namorada:

- É verdade, admito. Percebo que estou mais atento, mais "chato" como você disse. Vejo falhas em situações que passavam em branco. E o engraçado é que não consigo evitar.

- Como assim?

- É como se você viciasse a sua cabeça a pensar. Ela não para de questionar, conferir, imaginar, ...

- Nosssaaa!!! Desesperador!

- Um pouco sim, mas estou me acostumando.

- Mas é inegável que tenho aprendido mais com você. Explique-me o que aconteceu hoje na sala. Por que você questionou a professora?

- Ontem, eu e Fred falamos sobre educação e manipulação...

- Manipulação??? Você acha que a professora está querendo nos manipular? – Helena assusta-se com o termo e corta o raciocínio do namorado.

- Calma, Lena. Não é nenhuma conspiração[94]. Ela não é uma agente infiltrada para nos prejudicar.

- É porque o termo é forte.

- Sem dúvida. Precisamos tirar um pouco do peso, mas o significado é esse mesmo. Continuando... Falamos sobre como a educação é manipuladora, pois o professor, pai ou quem estiver no papel de educador acaba determinando o que é certo e o que é errado. Ele direciona o caminho do aluno ou filho. Pense na sua educação, seus pais não fizeram isso?

Helena nem pensa muito para responder:

- Sim, é lógico que sim. Eles querem o melhor para mim, é normal influenciarem as minhas escolhas.

- Eu diria que **é** humanamente compreensível, ou seja, faz parte da nossa natureza, é difícil evitar. Mas é moralmente correto? Não seria justo você escolher seu próprio caminho.

Helena não responde, permanece pensativa até levantar uma questão relevante:

94 conspiração – ato secreto de tramar contra algo

- Mas você mesmo disse que é normal, algo que faz parte da nossa natureza. Como evitar, então? Você está dizendo que a educação é impossível? Só existe manipulação?

- Não sei. Não tenho resposta para isso, mas pelo menos

"Faz parte da humanidade de um mestre advertir seus alunos contra ele mesmo."

- Frase bacana – Helena elogia. – Foi você que pensou nisso?

- Não. Li em um texto sobre Nietzsche.

- Ni... o quê?

- Depois te falo mais sobre ele – o casal chega perto da vila de Helena, e Leo despede-se. – Preciso ir para casa dormir, estou destruído de sono.

- Está bem.

Os dois trocam um breve beijo, Helena pega sua chave, e Leo pega seu caminho de casa. A namorada tem uma última pergunta:

- Leozinho?

- Hamm... Fala – ele vira-se para a namorada, que dispara:

- Estou preocupada... Quer dizer que não conseguiremos educar nossos filhos???

- Hehehehehe... Vou pensar nisso – e torna a pegar o caminho de casa, agora ciente de que a dificuldade da professora e de seus pais, um dia, será a sua.

PARA PENSAR...

1) Como a Filosofia pode nos ajudar a ter ideias próprias?
2) Fred sinalizou que sofremos influências, como se fossem "programações". Você consegue visualizar hábitos ou ideias que você considera ter sido condicionado a ter? Quem o influenciou para isso?
3) Segundo Fred, o que é preciso para ser um super-homem? Você concorda?
4) Como você resumiria os ensinamentos de Nietzsche?
5) Você concorda com a crítica de Leonardo a respeito do comportamento da professora? Como ela deveria proceder?
6) Considerando as reflexões de Leonardo, existe diferença entre educação e manipulação? Como pais e professores devem proceder?

* * *

Lição 6: Saiba conviver com as incertezas

CAPÍTULO 31

No dia seguinte, Leo chega à escola com muita vontade de encontrar a professora Roberta para conversar. Gosta muito da mestra e quer ter certeza de que ela não ficou chateada com seu comportamento na aula. Logo que entra no colégio, encontra Sid, que, para sua surpresa, pergunta:

- E aí estudou?

- Hammm?

- Estudou para o teste de Matemática?

- Putz! Esqueci completamente.

- E vai ser logo no primeiro tempo.

- E logo Matemática...

- Pois é... Boa sorte!

- Acho que irei precisar mais do que nunca.

Os amigos caminham para a sala. O professor entra em sala às sete horas em ponto e nem há tempo para uma breve revisão.

- Vamos lá, monstrinhos... Guardem todo material que o teste já vai começar – comanda o professor.

- *Droga*! – Leo reclama em voz baixa, mas segue as ordens e se prepara para a avaliação.

O mestre entrega os testes de mesa em mesa e libera para que os alunos comecem a fazer as questões ou, pelo menos, a tentar.

Leonardo, que normalmente é disperso, consegue se concentrar e manter um bom ritmo. Felizmente, os assuntos exigidos pelo professor coincidiram com aqueles que o garoto mais dominava na disciplina. Ele consegue fazer as três primeiras questões, o que aumenta a sua confiança e a possibilidade de acertar as demais. Assim, de uma forma totalmente inesperada, ele consegue fazer a maioria das questões e termina a avaliação satisfeito com seu provável resultado, considerando todo o contexto.

Depois de entregar o teste, ele é obrigado a esperar no pátio, para que os demais colegas terminem. Cinco minutos depois, Sid aparece com uma aparência péssima, claramente chateado pelo seu desempenho. Leo aproxima-se do melhor amigo e pergunta:

- O que houve, camarada?

- Poxa, me ferrei...

- Sério?

- Seriíssimo.

- Que droga, hein...

Sid percebe que a chateação não é compartilhada pelo amigo e pergunta:

- E você, Leo? Foi bem?

- Acho que sim.

- Como assim?

- Indo bem, ué.

- Mas você não estudou nada! Nem sabia que haveria um teste hoje.

- É verdade...

- E ainda era de Matemática, sua pior matéria.

- Pois é... Vai entender...

Leo resolve aconselhar o amigo:

- Não fique bolado, Sid. Foi só um teste, haverá outros.

Sid ignora. Ao contrário de Leo, ele estava acostumado a tirar notas boas. Além disso, tinha estudado, e o amigo não. Estava difícil se conformar com a situação:

- Mas não é possível! Você nem estudou.

- Também estou surpreso.

Leo insiste em querer ajudar o amigo:

- Sid, escute o que eu te falo. Não fique assim. Você precisa esquecer esse teste. Tem boas notas e uma só não o prejudicará.

Já Sid vai ficando cada vez mais agitado.

- Não consigo entender. Poxa, estudei a tarde toda! Você sabia fazer a segunda questão?

- Aham. Era sobre função do segundo grau. Não lembra que o professor explicou semana passada?

- Está me zoando? Lógico que eu lembro. Fiz "trocentos" exercícios ontem e no teste, que vale de verdade, eu nem sabia começar. E você? Não fez nenhum e acertou.

O discurso comparativo de Sid começa a incomodar Leonardo, mas ele permanece tentando orientar o amigo.

- E a terceira? Você fez também? – Sid continua em seu tom de inquisição[95].

- Aquela do gráfico?

- Isso.

- Tinha que montar a equação a partir do gráfico e resolvê-la. Poxa, Sid, você precisa ficar calmo na próxima vez. Essa questão era bem fácil.

- É lógico!!! Como não me lembrei disso??? – A ira de Sid aumenta e a paciência de Leo chega ao limite, quando o amigo dispara – Você está mentindo! Como pode não ter estudado e lembrado disto tudo?

- Chega! Chega, Sid! Qual é a tua, irmão?! Vai ficar me zicando?! Está bolado por que eu me dei bem?! Olhe, eu não sei por que isto aconteceu! Não sei por que você estudou e foi mal, e eu fui bem, apesar de nem saber que teria teste. Mas foi assim, não foi? Acabou, zera tudo, parte para outra e pare de me zicar.

O tom de voz de Leo foi tão alto que chamou à atenção de vários colegas que estavam por perto. Depois do desabafo, ele abandona o amigo no canto do pátio tradicional da galera.

Leonardo superou o sequestro emocional momentos depois, mas só se arrependeu de tarde. Querendo analisar melhor a situação, dá uma ligada para Fred e pergunta se ele pode recebê-lo. O pedagogo concorda, e o garoto parte para o consultório do amigo.

* * *

95 inquisição – ato de julgar

CAPÍTULO 32

- O que houve, meu amigo? – Fred pergunta, logo que Leo se senta no sofá de seu consultório.

- Estou muito bolado.

- Estou vendo. Você nunca foi bom em esconder sentimentos. Não vai dizer que viu Helena almoçando com outro colega hoje.

- Hahahaha...

A brincadeira de Fred relembrando o motivo da última crise de Leo diverte o garoto e ameniza o clima.

- Não foi isso desta vez.

- Você tem sido um para-raios[96] de problemas, hein. Quando supera a questão do "concorrente", aparece outro problema, e outro, e depois outro...

- Pois é... Vida de adolescente...

- Hahaha... Fato! Já passei por isso. Tudo ganha uma dimensão macro[97]. Você quer falar sobre o assunto?

- Quero sim.

Leo resume os acontecimentos do seu dia. Demonstra muita frustração pelo fato de conseguir algo inesperado - ir bem em um teste de Matemática, que nem tinha estudado – e mesmo assim sair da escola irritado. Ele comenta:

- Poxa, Fred, o Sid bem que poderia ficar feliz por mim. Que droga! Ele sabe que eu tenho a maior dificuldade com essa matéria, diferentemente dele, que sempre tira notas boas e uma só não vai fazer diferença no final do ano. Mas ele foi tão egocêntrico[98], que só enxergou a sua situação e ficou me zicando. Parece até que ele ficaria mais feliz se eu também tivesse me dado mal como ele.

- Ué, você não são parceiros? Lógico que ele ficaria feliz em tê-lo ao seu lado.

Leo quase mata o amigo pedagogo com o olhar. Fred apressa-se:

- Calma, estou brincando... Quer dizer, mais ou menos.

- Como assim? Quando você se ferra, torce para seus amigos se ferrarem também?

- Não foi bem isto que eu disse. Vamos devagar. Primeiro, devo te perguntar: você procurou um amigo ou um filósofo?

Leo pensa um pouco e responde:

---

96 para-raios – aparelho que busca concentrar a incidência de relâmpagos

97 macro – o sistema como um todo

98 egocêntrico – egoísta, que só pensa em si

- Os dois.

- Então, você está querendo filosofar sobre a questão?

- Aham.

- Então, está disposto a mudar de ideia a não estar certo sobre o assunto. Vai ser honesto comigo e com você.

- Vou sim.

- Você quer falar sobre sua atitude ou a do Sid?

- Como assim a minha atitude?

- Você está zangado com você, por ter sido explosivo e grosseiro, ou com ele, por ter "torcido" contra você.

- Estou zangado com ele! A minha atitude foi perfeitamente normal. Ora, não dava para segurar. Tive motivos para ficar irritado.

- Ok. Não vou entrar neste mérito. Vamos analisar o comportamento do Sid, pelo menos a partir das informações que você trouxe. Às vezes, para avaliar o comportamento dos outros é preciso usar a nossa imaginação. Consigo vislumbrar duas justificativas para a atitude do seu amigo. Acho que as duas provocarão empatia e aprendizado de sua parte.

- Acho difícil aprender com isto, mas estou disposto a mudar de ideia, como combinei com você. Pode mandar.

- Vou começar por aquela que eu acho mais fácil você entender. Tentarei apresentar argumentos que expliquem a dificuldade de Sid em aceitar a situação descrita por você. Um primeiro ponto seria: temos dificuldade de lidar com situações que contrariam a lógica que estabelecemos.

- Você quer dizer que não gostamos de ser contrariados?

- Não é uma espécie de pirraça. Não é uma simples contrariedade. Acontece que queremos controlar os eventos, para nos sentirmos seguros e tranquilos para tomarmos as decisões. Mas os eventos não são controláveis, existe a imprevisibilidade, ou seja, a probabilidade de acontecer o que não planejamos.

- Eu sabia que tinha Matemática no meio. Por isso as pessoas não gostam, não é.

- Hahahaha... Não **é** isso. Falei que temos dificuldade de lidar com as muitas variáveis dos eventos. Preferimos as certezas em vez das dúvidas.

- Sim, isto parece óbvio.

- Pois é, mas vivemos em um mundo de variáveis, não de elementos fixos. Não podemos controlar tudo. Vou dar um exemplo banal. Por que o Sid estudou para o teste?

- Para tirar uma boa nota.

- Então, é certo que quando estudamos tiramos boas notas?

- Não. O caso do Sid mesmo mostra que isso não é verdade.

- Para quê estudar, então?

- Está vendo, eu sempre me pergunto isso.

- Fala sério...

- Está bem, não vou mais zoar. Acho que estudamos para aumentar a chance de tirarmos uma nota boa.

- Tirando o fato que você deveria responder que seria para aprender, concordo com você. Estudamos para aumentar a chance de irmos bem na prova ou no teste. Agora, aumentar a chance não significa garantir nada, não é?

- Sim. Não temos como garantir.

- E é fácil compreender isto. É fácil aceitar que não dominamos todas as variáveis.

- Não mesmo.

- O exemplo do Sid é corriqueiro[99]. O cara estudou e espera tirar uma boa nota. É muito lógico.

- Mas não funcionou, e ele ficou irritado.

- Quantas vezes ficamos chateados, magoados porque as coisas não acontecem como imaginamos ou as pessoas não fazem o que queremos?

- Eu poderia citar várias...

- Por isso, uma das dicas filosóficas mais importantes é

Saiba conviver com as incertezas.

- Gostei, Fred. Fale mais.

- Quando entendemos que vivemos em um mundo repleto de processos regido por probabilidades, passamos a compreender mais nossa dimensão humana e aceitar que não governamos tudo. As coisas não estão totalmente sob o nosso controle. Devemos ter consciência da nossa influência, respeitar a influência dos outros e aceitar aquelas que não conhecemos.

- Temos a mania de querer controlar tudo.

- É humanamente compreensível. Queremos nos sentir seguros. A incerteza gera insegurança, por isso é um exercício permanente lidar com as variáveis. Voltando para o nosso exemplo, talvez o Sid não teria estudado se soubesse que iria mal no teste.

---

99 corriqueiro – trivial

- Talvez não??? Com certeza ele não estudaria.

- E talvez se ele não estudasse, fosse pior, ou melhor, como foi o seu caso.

- Nossa! Mas como ele iria saber?

- Como eu falei, não controlamos isso. Outra coisa, por que ele foi mal no teste? Será que o professor cobrou exatamente o que ele não estudou? Neste caso, talvez mais meia hora de estudo mudasse toda a história. Outra hipótese, será que ele se dedicou tanto, colocou muita pressão sob si e ficou nervoso na hora? Neste caso, talvez estudar menos e relaxar vendo um filme fosse melhor.

- Chega, Fred! É muito "talvez"! Estou com medo.

- Hahahaha...

O garoto respira um pouco mais forte e parece estar refletindo sobre as hipóteses criadas pelo pedagogo.

- Poxa, Fred. Não dá para saber o que fazer.

- Por isso que a lição é saber lidar com isso tudo, aprender a enfrentar as incertezas. Por exemplo, parece-me um erro se você ou o Sid, agora, disserem que não vão estudar nunca mais.

- Porque, na verdade, aconteceu dos resultados serem inesperados, nem sempre será assim.

- Exato. Mesmo sabendo que há uma probabilidade de não dar certo, você não deve deixar de estudar, pois é a maneira de ter mais chance de conseguir o seu objetivo. Fazendo isso, sua influência será a maior possível.

- Gostei. Fred, você tem outro exemplo? Um menos banal.

- Tenho sim. Gosto de exemplificar com o julgamento que fazemos das pessoas. Temos o péssimo hábito de julgar as pessoas e criar paradigmas sobre elas. Por exemplo, o Sid é "invejoso"?

- Nunca tinha reparado nisso, mas hoje ficou claro que ele é, infelizmente.

- Penso diferente. Entendo que o Sid FOI invejoso hoje. Ele teve uma atitude invejosa, não significa que amanhã ele terá novamente. As pessoas não SÃO, elas ESTÃO. É bem diferente. As pessoas mudam, nós mudamos. Não sabemos dizer o conjunto de fatores que influenciaram a atitude do Sid hoje. Talvez, ele tenha tido uma noite mal dormida ou brigou com os pais, o que pode ter influenciado negativamente seu comportamento. Talvez, amanhã, ele se ferre no teste e não fique com inveja dos outros colegas que foram bem. Talvez, não tenha nada a ver, e eu esteja dizendo um monte de bobagens.

- Chega desses "talvezes", Fred. Que chato!

- Hahahaha... É chato, mas precisamos lidar com eles e tomar as decisões mesmo assim.

- É verdade. É bizarro pensar que tomamos decisões sem ter certeza das consequências.

- Por isso devemos ser ainda mais cuidadosos no momento de fazer um *imput* no meio social.

- Que louco! O que você quer dizer com isso?

- Vamos fazer assim. O assunto é complexo e você deve estudar um pouco mais para continuarmos essa conversa. Quer saber mais sobre ele?

- Com certeza. Fala a**í.** Mas mande uma fonte mais fácil, que eu consiga entender, sem paradas em grego ou japonês.

- Ok. Veja toda a minha explicação sobre imprevisibilidade foi pautada em um conhecimento que nasceu na Física, mais precisamente a Física Quântica.

- Pô, Fred, Física não, por favor!!! – Leo quase implora.

- Calma, garoto. Deixe eu terminar.

Leo consente, e Fred prossegue:

- No século XX, físicos como Einstein e Heisenberg fizeram descobertas que abalaram os pilares da Física Newtoniana, que prevalecia como saber máximo na Ciência. Para Newton, as grandezas e as ações eram absolutas e lineares.

Leo continua se esforçando para prestar a atenção.

- Einstein, Heisenberg e outros elaboraram teorias que mudaram os paradigmas científicos. Agora, tempo e espaço eram relativos e as ações proporcionavam múltiplas consequências. Por exemplo, você acha que sua discussão com o Sid só afetou sua vida e a dele?

- Achava que sim. Por que não é verdade?

- Basta você pensar. Afetou a minha vida?

- Lógico. Se não tivesse a briga, eu provavelmente não estaria aqui hoje.

- Você está começando a entender. E sua vinda afetará a vida da minha esposa e dos meus filhos, pois chegarei em casa outro. Afetou também a vida de todos que viram a discussão, da sua família, da do Sid...

- Uma briga boba fez isso tudo? – Leo interrompe, demonstrando certa angústia.

- Sim. Porém, não fique constrangido, pois é normal afetarmos a vida uns dos outros, não tem como ser diferente. Só acho importante entendermos isso.

- E tem como eu aprender mais sobre o assunto? E sem ser estudando Física?

- Hehehe... Tem sim. Vou passar uma referência mais tranquila. Tem um pensador contemporâneo chamado **Edgar Morin**.

- Conheço ele. Já li parte de um livro dele.

- Qual o título?

- Ciência com consciência.

- Este livro é bem bacana. Bem, ele é um sociólogo e, lendo algumas coisas que ele escreveu, você poderá compreender mais sobre tudo o que falamos. Aliás, o livro que vou te indicar é muito interessante para você que está no período escolar. É bem pequeno, de fácil leitura e ele propõe aprendizagens essenciais para os jovens hoje em dia. Chama-se *Os sete saberes necessários à educação do futuro.*

- Título interessante. Tem certeza que não está escrito em grego não, né? – Leo pergunta sobre a dificuldade da compreensão do livro. – O outro livro dele não foi nada fácil.

- Não, não mesmo. Como eu falei, é moleza de entender.

- Show! Vou comprar.

- Não precisa.

Fred levanta-se e caminha até o outro lado da estante. Observa os títulos por um tempo e encontra o livro indicado.

- Tome. Pode levar.

- Melhor ainda. Não vai fazer falta?

- Eu o utilizo, às vezes, para consulta, mas pode levar. Tem um capítulo específico sobre o que falamos hoje.

- Valeu!

Fred dá uma risadinha, e Leo pergunta:

- O que houve?

- Não sei se você reparou a imprevisibilidade do seu dia.

Leo pensa um pouco, mas não capta exatamente o que o amigo quer dizer. Fred explica:

- Você começou o dia tranquilo, ficou nervoso, quando soube do teste, ficou feliz com o resultado, depois triste com o seu melhor amigo pela atitude dele. Aí você resolveu conversar comigo, aprendeu sobre incertezas e mudanças, ganhou um livro de presente e está mais preparado para lidar com as imprevisibilidades da vida.

- É verdade. Eu sempre soube. A culpa é sempre do teste de Matemática.

* * *

CAPÍTULO 33

Helena toca a campainha da casa do namorado. Joana abre a porta e cumprimenta a nora, com afeto.

- Olá, Heleninha.

- E aí, sogrinha? Tudo beleza?

- Tudo. O Leonardo está no quarto dele.

- Está bem.

A menina caminha até o quarto do namorado, abre a porta e o encontra navegando.

- Você não larga esse computador!

- O maior vício, né. Concordo contigo.

Ela dá um breve, mas apaixonado beijo e pergunta se os dois podem falar sobre o trabalho escolar, passado pela professora Raquel:

- E aí? Vamos falar sobre o trabalho de sustentabilidade?

- Não sei...

- Ihhh! Que desânimo é esse? Anteontem você estava tão animado.

- Continuo animado com o trabalho mas...

- Mas o quê?

- Rolou uma parada hoje na escola, que fiquei bolado.

- Já sei, foi o teste de Matemática. Você se ferrou, não é?

- Veja só a imagem que você tem de mim. Teve um teste, e você já conclui que eu me ferrei.

- Não. Só concluí porque você disse que ficou bolado. Aí foi só ligar os pontos, moleza.

Leo lembra-se do papo com Fred. O pedagogo falou sobre julgar as pessoas e as situações. Definitivamente, Helena está tendo uma visão engessada[100]. Ele comenta:

- Isso é uma visão paradigmática, sabia?

- Já entendi, você foi no Fred hoje.

- *Ela é muito esperta!* – Leo pensa. – Fui sim. Isso te irrita?

- Vamos devagar, hein. Estou aqui para falarmos sobre o trabalho, não para brigar com você.

- Também não quero brigar. Só fiz uma observação.

---

100 engessada – amarrado, inflexível

- Está bem. Explica aí o que é uma visão paradigmática.

- É quando olhamos para uma determinada pessoa ou situação e fixamos o juízo, como se já conhecêssemos a pessoa ou a situação, sem imaginar outra possibilidade. No caso, teve teste de Matemática e, sem ouvir a história toda, você já concluiu que eu fui mal. Sua visão envolvendo a minha pessoa e a Matemática está condicionada, você só enxerga uma resposta.

- Toin-oin-oin-oin... Levei uma surra, agora – a menina brinca com a lição de moral que levou.

- Hahahaha... Relaxa, todos nós temos essas visões condicionadas. Só precisamos ficar atentos a elas.

- Está bem. Agora não vou errar, conte-me por que você ficou bolado hoje, na escola?

Leo faz a sua narrativa. Só que foi bem diferente daquela que ele tinha feito para Fred, já que seu julgamento da atitude de Sid, agora é outro. Assim, ele amenizou sua raiva. Já Helena, que também tinha a questão ética muito forte em sua personalidade, não poupou o amigo:

- Caramba, que vacilo! Nunca imaginaria que o Sid faria isso.

- Pega leve, Lena. O cara estava chateado com o resultado dele.

- Pega leve??? Logo você me falando isso.

- Como assim “logo você”?

- Ahhh! Você é superchato com o comportamento das pessoas. É o primeiro a julgar.

Leo é pego de surpresa com a resposta da namorada, mas responde de bate pronto:

- Sou mesmo. Eu confesso.

Depois da resposta, o garoto fica um pouco pensativo, demonstrando certa culpa pelo seu comportamento. Helena aproxima-se dá um beijo em uma de suas bochechas e tenta retomar a parte boa da conversa:

- Então... Depois você foi ao Fred.

- Isso mesmo. Estava muito irritado com o Sid e procurei o Fred, pois nossas conversas me ajudam muito a compreender melhor as coisas.

- E o que ele disse? Deve ter sido algo maneiro, você já está defendendo o seu melhor amigo.

- Foi sim. Lembro que ele disse que tinha dois aspectos para analisar. Primeiro, falamos sobre por que é tão difícil aceitarmos algo inesperado, especialmente quando significa uma frustração. Fred disse que tendemos a controlar as coisas, o que não é possível, pois sempre estamos sujeitos à probabilidade dos eventos, há sempre uma imprevisibilidade. Por exemplo, era bem provável que eu me ferrasse no teste de Matemática, por isso você já tinha um paradigma sobre isso. Entretanto, por algum motivo, quer dizer por diversos motivos, isso não aconteceu, eu fui bem.

- É muito estranho. Como pode acontecer isso? Como pode o Sid estudar e se dar mal; enquanto você não saber nada, e ir bem?

- Não é bem assim. Eu sabia parte da matéria e fazer alguns exercícios.

- Está bem. Mesmo assim é estranho.

- Concordo. Veja, são diversas variáveis que influenciam no resultado de um teste. O conteúdo é um deles, ou seja, o quanto você domina o assunto. Agora, tem também concentração, nervosismo e outros que você não controla, como as escolhas do professor. Felizmente para mim, dessa vez, o professor escolheu as questões que eu sabia fazer.

- E infelizmente para o Sid.

- Isso... Infelizmente para o Sid, o professor escolheu justo as questões que ele não sabia fazer. Ele estudou, mas não conseguiu. Agora, precisa lidar com isso.

- Mas é muito frustrante – Helena comenta.

- É mesmo.

- Então, a conversa com o Fred o ajudou a compreender isso tudo?

- Foi.

- E o que você fez depois?

- Quer dizer, o que eu estava fazendo antes de você chegar.

- Isso. O que era?

- O Fred me emprestou um livro, e, antes de ler, eu estava pesquisando sobre o autor na net.

- E sobre o que é?

- O autor fala sobre saberes para a educação do futuro. E um deles é exatamente sobre saber enfrentar as incertezas. Quer ler comigo este resumo que eu achei comigo? Estava começando agora.

- Vambora.

SABER ENFRENTAR AS INCERTEZAS E OUTROS SABERES IMPORTANTES

Edgar Morin (08/07/1921) é um pensador francês conhecido por sua preocupação com os problemas da sociedade contemporânea. Para Morin, desde o século XVII seguimos o caminho da especialização na ciência e na vida social; a especialização, contudo, produz uma grande dificuldade de compreender a **complexidade** das questões que tentamos resolver.

Morin afirma que é muito importante que percebamos que todas as crises que vivemos – a crise ambiental, a crise econômica, a crise alimentar, entre tantas outras – têm inúmeras causas que não podem ser coerentemente abordadas a partir de um único tipo de conhecimento, mas somente por diferentes áreas do saber simultaneamente. Isso quer dizer que o pensamento especializado, que valoriza o aprofundamento em apenas uma espécie de saber, é incapaz de lidar com problemas que envolvem muitas causas de diferentes origens. Para resolver esses problemas, é preciso utilizar conteúdos de muitos campos: várias ciências, a literatura, experiências pessoais, a História... É necessário, portanto, que busquemos o contrário da especialização: é preciso que aprendamos a usar abordagens complexas, incluindo várias perspectivas, para lidar com problemas complexos.

Contudo, aprender a usar a complexidade não é fácil. Para Morin, uma reforma em todos os níveis da educação é indispensável para que as pessoas se tornem mais capazes de lidar com os desafios que o século XXI apresenta. Ele propõe que essa reforma deve enfatizar sete saberes que estão sendo negligenciados pelos educadores de nosso tempo.

O primeiro saber indispensável, mas negligenciado, é a compreensão do que é o próprio conhecimento. É preciso que os professores mostrem aos jovens que todo conhecimento é relativo a uma circunstância; nenhum conhecimento deve ser considerado infalível ou absolutamente válido. É preciso reconhecer o caráter incompleto de qualquer conhecimento, pois todo conhecimento é, no fundo, um ponto de vista.

O segundo saber é a necessidade de utilizar várias disciplinas para entender um problema; já que todo conhecimento é um ponto de vista, são necessários vários tipos de conhecimento sobre um tema para que esse ele seja mais bem conhecido – afinal, um assunto é tanto mais conhecido quanto mais perspectivas sobre ele forem conhecidas. Em outras palavras, para compreender e resolver um problema, não se deve adotar um único foco; deve-se adotar a atitude de buscar focos diferentes.

O terceiro saber importante para uma educação propícia ao século XXI é a consciência de que todos os seres humanos têm semelhanças, mas também diferenças – e essas semelhanças e diferenças podem variar enormemente. Por isso, é preciso utilizar uma abordagem complexa e associar vários saberes (científicos, artísticos, literários, etc.) para entender o que é a espécie humana e o que são os seres humanos individuais.

O quarto saber é o reconhecimento da importância da atitude de tentar compreender os outros seres humanos – compreender em todos os sentidos, utilizando todos os saberes para que as pessoas entendam umas às outras e não se tornem indiferentes à existência dos outros.

O quinto saber fundamental para uma nova maneira de ver a realidade é a percepção de que todos os domínios do conhecimento têm um caráter incerto e inseguro que não pode ser ignorado. A história, a vida de cada pessoa, as ciências e todas as dimensões da existência humana possuem incertezas em cada detalhe; a certeza absoluta sobre algum fato é uma ilusão. Nem mesmo os maiores impérios são sólidos o suficiente: todos se desmancham em algum tempo, pois cada ação de cada pessoa, cada imprevisível ação singular desencadeia uma série de transformações na própria realidade. Por isso, Morin considera importante também que se tome consciência do que chama a "**ecologia da ação**", que define como "**a atitude que se toma quando uma ação é desencadeada e escapa ao desejo e às intenções daquele que a provocou**". Isso significa que todas as ações podem ter consequências imprevisíveis.

O sexto saber importante é o reconhecimento de que os seres humanos compartilham a existência no planeta Terra e devem ter o compromisso de cuidar do destino comum da humanidade.

E o sétimo saber é o que Morin chama "antropoética", que é a consideração de que é necessário que desenvolvamos e apoiemos a atitude de cuidar dos seres humanos em todo o mundo – cuidando do meio-ambiente, da saúde, da paz, da prosperidade material, da dimensão espiritual de todos. A antropoética desloca e amplia o sentido do cuidado ético: em vez de cuidar do próximo, devemos cuidar de toda a humanidade.

Para Morin, todos esses saberes têm sido esquecidos pelos educadores (e, no fundo, por praticamente todas as pessoas). Mas somente quando eles se tornarem comuns, defende Morin, será possível compreender e resolver os maiores problemas da nossa civilização.

Depois da leitura, Helena comenta:

- Muito maneira a proposta do cara, hein.

- Também achei. Depois, lerei o livro com bastante cuidado, pois ele vai além do que conversei com o Fred hoje. Só falamos sobre enfrentar as imprevisibilidades e o livro é mais do que isso.

- Parece que sim.

- Lena, o que mais você gostou?

- Gostei quando ele falou sobre a incerteza do conhecimento. Entendi que precisamos estar sempre questionando aquilo que "sabemos", pois isto está sempre mudando. O que "sabemos" hoje pode ser uma tolice amanhã. Por isso, a necessidade permanente de revisões e confirmações, e, quando fazemos isso, é que aprendemos e criamos um conhecimento mais significativo.

- Está vendo? Você tinha construído um conhecimento sobre mim. Você aprendeu que eu não me dou bem com a Matemática, mas isto não quer dizer que será para sempre. Precisamos sempre revisar isso.

- Você tem razão. Agora, concordo mais ainda com o que disse antes. Foi mal. Desculpe – e faz um cafuné no namorado.

- Não se preocupe. Estou de boa.

- E você, Leo? O que mais gostou?

- Achei bacana quando ele cita a **ecologia da ação**, pois acredito que tenha relação com Ética, assunto que tanto gosto. Agora, compreendi o que o Fred quis dizer com *imput* no meio social.

- Hammm??? O que é isso?

- Morin fala que quando fazemos uma escolha, empreendemos uma ação, ela não está mais no nosso controle, pois entra no ambiente social, ou seja, conecta-se a outras ações e afeta a vida de pessoas, como se você fizesse um *imput* na sociedade, na vida das pessoas. O Sid, hoje, ficou irritado com seu resultado e começou a desabafar comigo. As ações dele não ficaram restritas à sua vida, mas afetaram a minha também.

- Assim como as suas afetaram a dele.

- Sim. Sem dúvida. Assim, devemos estar cientes de que nossas atitudes, mesmo as mais banais, afetam a vida de diversas pessoas ao nosso redor...

- E até mesmo de pessoas que nem sabíamos que seriam afetadas, e, quem sabe, nem conhecemos.

- Isso mesmo. Por isso, devemos ser muito responsáveis com nossas escolhas, pois não afetam somente nossas vidas, mas as dos outros também. Essa é a relação que vejo com a Ética. Não devemos tomar decisões que afetem os outros de uma forma que não gostaríamos que acontecesse conosco, devemos nos lembrar da Regra de Ouro.

- Fato. Concordo com você. Devemos ter cuidado com todas as nossas escolhas.

- Meio paranoico, não?

- É... Muito bizarro! Ihhh! Lembrei-me daquele filme *Efeito Borboleta.*

- Bem lembrado, Lena. Tem tudo a ver mesmo. Cada escolha que fazemos desenha um futuro diferente para nós e para os outros também.

- Bem paranoico!

Os dois parecem satisfeitos com tudo que pesquisaram e aprenderam. Helena lembra-se do motivo de sua visita:

- E aí, vamos falar sobre o trabalho de sustentabilidade?

- Acho melhor deixar para outro dia. Meu HD já está lotado por hoje – Leo joga a toalha.

- Cuidado que essa decisão irá afetar um monte de coisas, hein...

- Hahaha... Eu sei disso.

- Mais uma coisa. Você não disse que o Fred tinha duas explicações para o comportamento do Sid. Qual foi a outra?

- Caramba! Não falamos sobre isso. Esqueci completamente. Vou mandar um e-mail perguntando.

- Está bem. Não se esqueça de me dizer depois, ok? – Helena sempre curiosa.

- Com certeza, amor. Você está gostando desse papo todo de Filosofia, não é?

- Gosto de estar com você, de qualquer forma. Isso sempre influencia minha vida para melhor.

A declaração de amor "filosófica" iniciou um chamego entre os dois. Para quem começou a manhã com um teste surpresa de Matemática, o dia imprevisível de Leo terminou muito bem.

* * *

CAPÍTULO 34

No dia seguinte, Leo chegou à escola um pouco nervoso. Costumava encontrar Sid na entrada e não sabia qual seria a reação dele. Porém, isto não ocorreu, o amigo não estava na porta. Bom por alguns instantes, pois Leonardo não precisaria encará-lo, mas ruim a médio prazo, pois o conflito seria inevitável e quanto mais adiasse, pior.

Quando chega à sala, percebe que Sid já está acomodado, só que em um lugar diferente e distante do tradicional, próximo ao dele. O garoto conclui que o melhor amigo está chateado com alguma coisa e provavelmente com o próprio Leo. O encontro ficou para o intervalo.

Proativo[101], Leonardo não espera um eventual encontro e caminha decididamente na direção do melhor amigo, para resolver a questão do dia anterior.

- Fala aí, camarada, tudo certinho?

Sid responde com um olhar de ódio e mudo. Leonardo, demonstrando muita paciência e compreensão, senta-se ao lado do amigo e permanece em silêncio por um bom tempo. Os dois ficam sozinhos calados por uns dois minutos. Tete, Helena e os demais amigos perceberam o clima de D.R. entre eles e nem se aproximaram. Leo faz uma nova tentativa:

- Camarada, quer conversar?

Ele pelo menos consegue tirar algumas palavras da boca de Sid, entre duas mordidas em seu sanduíche:

- Conversar sobre o quê?

A resposta era óbvia, e Leo percebeu que o amigo queria fazer um charminho, mas entrou no jogo mesmo assim:

- Sobre ontem. Acho que você ficou muito chateado.

- E por que eu ficaria chateado?

- Também não sei. Confesso que não consegui entender.

- É difícil compreender, quando só se pensa no seu umbigo – Sid eleva o tom e responde com grosseria.

Leo não crê na resposta e no comportamento do amigo. Poderia apostar que Sid pediria desculpas logo que o visse. Surpreendido com a resposta de seu camarada, ele também reage com agressividade:

- Você realmente acredita que eu fui "O" egoísta da parada???

---

101 proativo – indivíduo que age com iniciativa

- Está bem, Leo – o garoto levanta-se e dispara, antes de sair. – Você sabe quanto tirar uma boa nota é importante para mim! Poderia ser um pouco mais compreensivo comigo, mas ao invés disso preferiu utilizar suas regrinhas éticas – Sid usa um tom pejorativo. - Vai julgar outro! Não ferra!

A intensidade de Sid contraria todo o histórico de atitudes do garoto, que sempre demonstrou equilíbrio e sobriedade[102]. Leo, que estava confiante na resolução do problema, fica decepcionado. Helena e Tete, que acompanhavam a movimentação à distância, aproximam-se. A namorada pergunta:

- O que houve, amor?

- Ele está muito bolado mesmo, Lena.

- Nunca vi o Sid assim – Tete observa, enquanto Leo concorda com a cabeça. – A parada ontem deve ter sido punk!

- O mais chato é que não consigo ver assim. Achei que ele tivesse tido um surto de irritação e ponto. Mas não foi só isso.

- Lembre-se do que falamos ontem sobre mudanças e incertezas. O comportamento do Sid pode ter sido imprevisível para você, mas deve ter um motivo. Não o julgue. Procure compreendê-lo – Helena sintetiza a situação com a didática[103] de uma professora.

- Acho que você tem razão, Lena. E olhe que falamos sobre isso ontem. Uma coisa é na teoria, outra é na prática.

- Fato! – concorda Tete.

- Acho que você deve continuar a procurá-lo. Ele está muito chateado e, se você não fizer isso, vai parecer que não liga para os sentimentos dele.

- É verdade. Ele é meu amigo e não devo ser orgulhoso. Vou até a casa dele, ainda hoje.

- Boa ideia. Você quer a minha ajuda? – Tete se oferece.

- Não precisa, Tete. Valeu mesmo. Devo resolver a parada sozinho, somente eu e ele.

- Você viu se o Fred respondeu o seu e-mail? – Helena recorda que Fred tinha outras observações sobre o assunto.

- Não vi. Vou dar uma olhada nisso, quando chegar em casa.

- Do que vocês estão falando? – Tete pergunta.

- Iiihhhh! É uma longa história. Basta dizer que estamos tentando aprender a lidar com as "surpresinhas" da vida, como a de hoje – Helena responde com bom humor.

---

102 sobriedade – com moderação
103 didática – com habilidade para ensinar

- Ah! Então, depois vocês me ensinam. As pessoas são muito loucas, né. Não aguento mais lidar com as maluquices do Juan, cada dia ele tem um comportamento diferente. É imprevisível.

Os amigos gargalham com o comentário de Teresa. Afinal, essa loucura toda é o grande tempero da vida, não dá para deletar.

PARA PENSAR...

1) Você concorda com a explicação de Fred para a atitude de Sid?
2) Qual a diferença entre SER e ESTAR, segundo o exemplo apresentado por Fred?
3) Quais dicas você daria para uma pessoa aprender a lidar com as incertezas?
4) Como você resumiria as lições sobre incertezas e probabilidades?
5) Qual(is) saber(es) proposto(s) por Morin você considera mais difícil de ser aplicado por você. Por quê?
6) Qual a relação entre a ecologia da ação e Ética?

* * *

Lição 7: Respeite o livre-arbítrio

CAPÍTULO 35

- Fred você está aí?

Leonardo procura o amigo pedagogo em uma rede social. Ele já não tinha sido bem sucedido por email e telefone. Dessa vez, ele consegue:

- Tudo bem, meu jovem amigo, e você?
- Tudo *cool* como diz o meu tio.
- Que bom.
- Você está sumido. Não consigo falar contigo, há uns três dias.
- Entendo sua dificuldade. É que tive surpresas loucas neste período.
- É mesmo? Pode contar?
- Posso sim. Mas não queria que fosse via computador.
- Posso ir até o seu consultório, então?
- Iiihhhh... Não dá. Estou de saída para uma reunião.
- E amanhã?
- Também não vai dar. Até desmarquei todos os meus atendimentos, pois tirarei o dia para resolver umas pendências.
- Pendências de quê? Vida agitada, hein?
- Bem, mediante a dificuldade, acho melhor te contar logo.

Fred fica um tempo sem teclar e angustia[104] o garoto:

- Fala logo.
- Vou falar, estou escolhendo as palavras.
- Fiquei com medo, agora. A notícia é triste?
- Não, quer dizer acho que não.
- Acho que não??? O que está acontecendo?
- Vou ser direto: recebi uma excelente proposta de trabalho anteontem e estou me mudando para a Espanha.

A notícia pega Leonardo totalmente desprevenido, e ele fica sem resposta. O vazio de ficar sem o seu amigo-conselheiro-filósofo pesa e ele reage de forma autêntica:

---

104 angustia – atormenta

- Poxa, Fred, e os seus alunos como vão ficar?

- Ué! Vão ficar bem. Muitos já não precisam de minha ajuda, e outros encontrarão um profissional à altura. Eu mesmo indicarei alguns colegas em quem confio.

- Você não pode abandoná-los! Não é justo!

- Leo, esta preocupação de sua parte com meus alunos é nova para mim. É isso mesmo que você quer me dizer?

- Lógico que é. O que mais seria?

- Talvez, você esteja preocupado consigo mesmo e não quer dizer. Não fique com vergonha, pode dizer o que sente. Somos amigos.

Leo não está a fim de admitir uma fraqueza, mas acaba cedendo:

- Você tem razão. Não quero que você vá, pois gosto de você e das nossas conversas. Ficarei sozinho aqui.

- Sozinho que nada! E os seus pais? Seus amigos? Sua namorada? Tem o Xandão,... Olhe quanta gente!

- Mas nenhum deles é como você. Veja quantas coisas eu aprendi com você. Primeiro, foi sobre Ética. Meu comportamento melhorou tanto! Agora, você me ensinou várias atitudes filosóficas que me ajudaram e continuam me ajudando. Vou ficar órfão.

- Hahahaha...

- Não ria. É sério!

- Não quis debochar. Fico muito feliz pela sua demonstração de carinho.

- Então, vai repensar? É possível voltar atrás?

- Acho bem difícil. Eu e minha família refletimos muito nos últimos três dias e concluímos que é uma oportunidade ímpar[105] para nós. Nossos filhos poderão ter a experiência de aprender outra língua e conviver com outra cultura.

- *Só eu que me ferro, nessa história* – Leo pensa, mas não tecla nada parecido. Fred prossegue tentando animar o garoto

- Além disso, você já faz parte do time que pode se virar sem mim. Acredito que você tenha aprendido o suficiente sobre a jornada da filosofia para caminhar com suas pernas.

- Não me sinto assim...

- Entendo. Essa insegurança é normal, mas você vai conseguir. Tenho certeza disso.

105 ímpar – único

- Quem precisa ter certeza sou eu.

- Isto é e você terá...

Leo lembra-se da dica de Fred de usar a imaginação, para compreender o comportamento de uma pessoa. Porém, ele resolve utilizá-la para buscar mais argumentos a seu favor.

- Não estou preparado, Fred. Lembra-se da situação que briguei com o Sid?

- Aham.

- Você me deu uma explicação bacana para que eu compreendesse o comportamento dele, falando sobre incertezas, certo?

- Certo. Continue...

- Você tinha dito que conseguia imaginar duas explicações interessantes, mas me deu somente uma e não falou sobre a outra.

- É verdade. E o que isto tem a ver?

- É um bom exemplo, pois não tenho noção de qual seria a outra explicação.

- Você quer a minha ajuda? É isso?

- Quero sim.

- Você pensou sobre a situação? Tentou relacionar com outras parecidas?

Leo ficou com vontade de mentir, mas não iria manchar uma das últimas conversas com seu amigo por medo.

- Não. Não pensei sobre o caso, depois da nossa conversa.

- Como qualquer área do conhecimento, para aprender sobre Filosofia, você precisa se dedicar. Se tivesse se esforçado em pensar sobre o caso, utilizando algumas atitudes filosóficas que aprendemos, talvez, você chegasse à mesma conclusão que cheguei. Talvez até a outras mais elaboradas.

- Talvez, a nenhuma... hehehehe... Fred e seus "talvezes"... hehehehe...

- Sim. Talvez, a nenhuma... hahahaha...

- Beleza, eu não fiz o meu dever de casa, mas você vai me ajudar mesmo assim? Vai, Fred, será como uma despedida.

- Está bem. Eu chamaria a segunda de medo da solidão. Veja, Leo, acompanhe o raciocínio comigo, o Sid tinha uma expectativa sobre o teste, certo?

- Sim. Ele esperava tirar uma boa nota.

- Isso parece lógico, já que ele estudou para a avaliação. Ele depositou uma expectativa que foi frustrada. Ele ficou feliz?

- Logicamente que não.

- Então, o garoto ficou triste e poderia, pelo menos, contar com a companhia do melhor amigo no time dos que se ferraram no teste de Matemática. Mas isto não aconteceu...

- Porque eu tirei uma boa nota.

- Exato. Parece-me lógico que ele queira companhia na tristeza, não? Veja, se ele tivesse ido bem, também gostaria de tê-lo ao seu lado. E na tristeza a necessidade de companhia é maior ainda, concorda?

- Com certeza. Mas isso não dá o direito de querer que o outro se ferre?

- De que direito você está falando? Quem dá e quem tira o tipo de direito que você está falando?

- Isso é Ética, aprendi com você. Todos devemos ter.

- Sei... Nós falamos sobre isto, não foi?

- Aham.

- Agora, te convido para outra reflexão. Esqueça um pouco essa questão moral. Os argumentos que usei foram corretos? Você concorda que precisamos ainda mais de companhia, quando estamos por baixo?

- Concordo. Não tem como negar.

- Se você tivesse se ferrado, o Sid se sentiria mais ou menos apoiado, quer dizer, mais ou menos aliviado?

Leo pensa bastante. Lembra-se da honestidade intelectual e que abriu mão de um julgamento moral, por hora. Dessa forma, responde:

- Mais aliviado, com certeza. Como eu me dei bem, é natural ele sentir-se mais sozinho.

- Então, a inveja dele, vamos chamar assim, é humanamente compreensível, certo?

- É muito difícil para eu reconhecer isso. Como podemos aceitar a inveja? E a Ética?

- Leo, a Ética que você fala é sua. É uma "invenção" do homem. Cuidado, pois do jeito que você fala parece algo divino, como se todos fôssemos obrigados a seguir.

Leo fica sem teclar um tempo, processando o que Fred acabou de dizer. O pedagogo continua:

- Acredito ser um erro obrigarmos os outros a fazerem o que queremos. Lembre-se do que falamos sobre resistir à massificação e às influências externas, devemos buscar nosso próprio caminho.

- Está bem. Mas como abrir mão da Ética? Viveríamos em uma enorme selva?

- Existem leis exatamente para limitar o comportamento dos indivíduos, para que ele não seja nocivo[106] aos outros. A Ética é diferente, pois é uma escolha. E cada um deve fazer a sua, pois do contrário viraria uma "ditadura do comportamento". Você acha que todos devem seguir as atitudes que você julga mais corretas?

- Não.

- Analisamos a questão e concluímos que a inveja que Sid sentiu é compreensível, não falei normal nem legítima[107]. Ele é um ser humano, poxa. Você deve gostar dele pelo que ele é, não pelo que gostaria que ele fosse.

- Entendo, Fred.

- Você falou em nosso curso sobre Ética, lembra-se dessa lição?

Respeite o livre-arbítrio

- Mais ou menos. Lembro-me de conversarmos sobre a importância de cada um escolher fazer o que é certo.

- Sim. Cada um deve escolher fazer o que acha certo e não o que os outros acham certo. E todas as outras atitudes que vimos, como relativismo e os imperativos categóricos, servem para auxiliar cada um a fazer essas escolhas. Mas nunca seguir algo ou alguém às cegas, isso é abdicar de um direito que você tem: o livre-abítrio.

- Entendo. No momento, você está usando o seu.

- Estou sim. Preciso ver o que é melhor para mim e para minha família. Não pense que desprezei meus alunos e amigos. Eu os coloquei na balança também, pois fico feliz em ajudar e em estar perto das pessoas que amo. Mudando de assunto, posso te fazer uma pergunta?

- Sim.

- Como você se sentiu, quando te contei que iria partir?

---

106 nocivo - prejudicial

107 legítima – legal, com autoridade

- Vou ser sincero. Fiquei bolado. Você me ajuda muito, e curto conversar com você.

- Agora, você está mais preparado para compreender o Sid.

A comparação de Fred agride Leonardo.

- Não tem nada a ver.

- Tem certeza? Pense um pouco mais. Por que ficou chateado com o Sid?

- Porque ele ficou mais preocupado com o fracasso dele, do que com o meu sucesso. Não vibrou por mim e ficou me secando.

- Você ficou feliz com meu sucesso, em um primeiro momento?

Fred mostra por que é tão importante saber analisar uma situação. Sua linha de raciocínio foi perfeita e ajudou a Leo aprender ainda mais. O garoto reconhece, mas o objetivo do pedagogo era outro:

- Poxa, Fred, desculpe. Não quis te desejar mal...

- Não, não, não. Você entendeu errado. Não é para ficar arrependido da sua atitude, mas ser compreensivo com a do Sid. Não falei para te julgar, não estou te execrando[108] por ter ficado triste com a minha mudança. Eu te entendo. É recompensador saber que você sentirá a minha falta e compreensível que você não queira isso. Pensou no seu bem estar, da mesma forma o Sid queria você ao lado dele.

O garoto fica um tempo sem teclar, tentando assimilar o aprendizado e pensando o que responder. Fred pergunta:

- Ei, Leo, ainda está aí?

- Estou sim. Estou pensando o que dizer.

- Está bem. Pense bastante, sabe que isso faz bem... hahaha. Eu preciso ir, já estou atrasado para uma reunião.

- É a última vez que nos falamos? – o garoto pergunta aflito.

- Não. Fique tranquilo. Não teremos muito tempo, é verdade, mas organizarei uma despedida e vou te chamar, com certeza. Mas será uma festa, só comemoração, sem lições sobre Ética ou Filosofia, hein.

- Ok! Então, nosso curso acaba aqui?

- Sim. E vou encerrá-lo com um último filósofo. Creio que o ajudará nesse seu dilema. Enviarei um resumo por e-mail.

- Show! Pode mandar.

---

108 execrando – excluindo, julgando mal

- Seu nome é **Jean-Paul Sartre** e foi um dos expoentes do **Existencialismo**. Não sou muito fã de tudo que ele escreveu, mas ele reforçou muito questões como liberdade e responsabilidade. Acho que será um *gran finale* para o nosso curso.

- Beleza! Estudarei com atenção e ficarei esperando sua despedida.

- Pode aguardar. Abraços!

- Abraços!

Os amigos se despedem.

Mais tarde, Leo recebe um aviso de e-mail. Ele abre a sua caixa e percebe que é o texto prometido por Fred. O garoto passou o dia tentando conciliar o que aprendeu sobre Ética e o respeito aos sentimentos autênticos das pessoas. Agora, ele espera que as propostas de Sartre o ajude.

SARTRE E O EXISTENCIALISMO

Jean-Paul Sartre (1905-1980) foi um filósofo e escritor francês muito influente. Ainda em vida, Sartre foi reconhecido como um dos mais importantes pensadores de seu tempo. Durante a II Guerra Mundial, participou da Resistência francesa contra a invasão alemã; na mesma época, escreveu *O Ser e o Nada*, um dos mais importantes livros de filosofia do século XX.

Em 29 de outubro de 1945, logo após o fim da guerra na Europa, Sartre fez uma conferência para defender suas teses. O nome dessa conferência é ***O Existencialismo é um Humanismo***. Na época, o existencialismo defendido por Sartre era criticado pelos comunistas (porque, segundo eles, era uma filosofia burguesa) e pelos cristãos (por causa do ateísmo de Sartre).

De acordo com Sartre, o existencialismo é uma doutrina que enfatiza, acima de tudo, a realidade fundamental da liberdade humana.

Por isso, o Existencialismo é um Humanismo – que é a filosofia que afirma que o ser humano, e somente ele, é quem dá sentido a todas as coisas. Para Sartre, nada no mundo diz ao homem o que as coisas são ou como ele deve agir: o homem é absolutamente livre para definir seus valores e para agir como quiser.

Nem mesmo Deus, afirma Sartre, pode dizer ao homem o que fazer, pois Deus não existe. Isso significa que o ser humano é completamente livre para ser o que quiser. Afinal, se Deus não existe, então não faz sentido falar da essência humana, pois não existe um ser divino para criar essência alguma.

Os seres simplesmente existem antes de possuírem qualquer essência; toda essência é inventada e atribuída pelo ser humano. O próprio ser humano atribui a si mesmo uma essência – mas somente após existir no mundo. Assim, o homem é somente o que ele faz e nada mais; é um projeto subjetivo em ação. Por essa razão, cada homem é totalmente responsável por sua existência; não é possível atribuir qualquer responsabilidade por seus atos a Deus ou a qualquer outra pessoa, circunstância ou fator externo.

Por exemplo: Sartre fala de um estudante francês cujo irmão fora morto na ofensiva alemã de 1940. O estudante queria vingar seu irmão e lutar contra as forças nazistas. Mas a mãe do estudante morava com ele, e ele era sua única consolação na vida; se ele fosse para a guerra, e se morresse em combate, sua mãe perderia todo o sentido de viver. O estudante acreditava ter obrigações morais conflitantes: vingar o irmão, auxiliando os esforços nacionais contra um inimigo poderoso, ou cuidar da mãe. Não havia meio de escapar desse dilema moral: o estudante não podia transmitir sua responsabilidade para ninguém. O que quer que ele fizesse, seria de sua exclusiva responsabilidade.

Para Sartre, o homem não deve ter ilusões: não há guia para nossas escolhas. Não é possível esperar a orientação de Deus, pois Deus não existe; não há sinais no mundo, pois o homem é quem decide interpretar o que ele pensa serem sinais. E o fato de que a liberdade implica total responsabilidade causa no homem angústia, desamparo e desespero: o sofrimento de se reconhecer totalmente responsável por todas as suas escolhas.

Isso significa que o homem é absolutamente livre e não pode escapar dessa liberdade. A liberdade manifesta-se no fato de que a cada instante o homem faz escolhas: a escolha é o ato fundamental da liberdade. A própria decisão de não escolher nada já é uma escolha: a escolha de não escolher.

Sartre deixa claro que precisamos entender que todas as nossas escolhas são totalmente livres e, consequentemente, somos completamente responsáveis por elas.

Afinal, mesmo quando simplesmente repetimos ou copiamos o que os outros fazem, ou quando obedecemos sem questionar o que nos mandam fazer, continuamos sendo responsáveis por nossas ações – pois, na verdade, ainda que escolhamos deixar que outros decidam por nós, continuamos sendo responsáveis por essa nossa escolha. Por isso, não devemos deixar que pensem e ajam por nós: devemos ter consciência de que somos os únicos e verdadeiros criadores da nossa história.

* * *

CAPÍTULO 36

No dia seguinte, durante o intervalo, Leonardo caminha para a sala dos professores, convocado por Roberta. O garoto está muito confiante de que não fez nada demais, não ofendeu a professora ou a desafiou, simplesmente discordou de sua postura, na aula de Socialismo. Ele bate na porta:

- Olá... Posso entrar? – Pergunta, educadamente.

- Pode, Leonardo – Roberta já o aguardava perto da porta.

- Com licença – e entra vagarosamente.

- Não, querido, acho melhor conversarmos em outro lugar, pode ser?

Em um primeiro momento, o aluno teme que o outro lugar seja a sala da diretoria.

- Vamos aonde? – Leo pergunta.

- Vamos caminhar pelo Colégio mesmo. Você tem alguma preferência?

- Não. Pode ser em qualquer lugar.

- Está com fome?

- Não. Tomei um café reforçado hoje – o garoto mente para ser delicado.

- Está bem. Então, vamos simplesmente caminhar.

Aos poucos, Roberta vai convencendo-o de que não há motivos para ter medo. Os dois saem da sala sem destino definido. Poucos metros foram suficientes para Leo puxar assunto:

- Fessora, gostaria de dizer que gosto muito da senhora e não quis...

- O que é isso, Leo? Puxando meu saco, agora? Isto não é do seu feitio.

- Não é puxação **não,** fessora. É sincero.

- Hahahaha... Eu sei. Estou só brincando com você.

- Ah, bom.

- Está preocupado? Tem feito besteira aqui na escola?

O garoto dá uma breve risada, quando percebe o clima de paz na fala da mestra, e responde da mesma forma:

- Não mesmo. Tenho me comportado muito bem. Pelo menos eu acho.

- Eu só tenho elogios...

- Mesmo? Não ficou chateada pela discussão de ontem?

- Não... Quer dizer, na hora fiquei irada! Como pode um fedelho me contestar?! Porém, seu discurso foi campeão, perfeito, e não consegui ficar zangada por muito tempo. Fato que passei as duas aulas seguintes pensando no nosso debate... e o intervalo todo também...

Os dois riem. Roberta continua:

- Mas no final do intervalo a ficha caiu, e fiquei ansiosa para te chamar aqui para dizer duas coisas: Desculpe e obrigada!

- Não precisa, fessora.

- Precisa sim. Não que eu o tenha ofendido, certo?

- Com certeza.

- O pedido de desculpas está ligado ao fato de não apresentar o tema com isenção, como você mesmo disse. E o agradecimento é por você me ajudar a enxergar isto. Saiba que nosso debate ontem gerou a maior reflexão pessoal do meu papel de educadora. Há muitos anos não ocorre algo na minha vida profissional forte o suficiente para uma mudança tão grande de postura. Eu já estava ficando arrogante e certa de que não aprenderia mais nada, e você acabou com isso ontem. Valeu mesmo.

- Poxa, fessora, fico muito feliz que a senhora não tenha ficado com raiva.

- Raiva? Só no início... hehehehehe... Depois foi longe disso, fiquei orgulhosa. Estamos juntos há quanto tempo?

- Há uns quatro anos.

- Eu me lembro de um Leonardo bagunceiro que não queria estudar.

- Esse está só na lembrança, né?

- Isso mesmo. E sinto-me realizada por ver seu crescimento.

- Valeu pelo elogio.

Os dois começam a retornar, quando Roberta pede:

- Gostaria de te falar mais uma coisa. Você pode ouvir?

- É claro. Pode dizer.

- Queria justificar minha atitude, a minha tendência em demonizar o Capitalismo.

- Não precisa, fessora. Todos nós temos nossas preferências. São motivos pessoais que vão sendo construídos, e muitas vezes sem percebermos. Ser professora é cruel, nesse sentido, já que o educador precisa se policiar para não influenciar MUITO os alunos, para poder apresentar outras possibilidades, facilitar as descobertas e reflexões pessoais.

- É isso mesmo. Concordo com tudo que disse. Acontece que o educador carrega dentro de si uma vontade muito grande de mudar o mundo, o que é muito perigoso. Porque, com o intuito de melhorar a sociedade, nos convencemos de que nossa visão é a melhor, isto é, o mundo deve ser como idealizamos, até porque nos sentimos uma elite intelectual.

- Realmente, é uma forma de pensar perigosa.

- Assim, nos esquecemos de fornecer uma educação mais ampla, com mais opções, mesmo aquelas diferentes das nossas. Osjovem precisa estar o mais qualificado o possível, para exercer com mais sabedoria o livre-arbítrio.

Automaticamente, Leonardo se lembra do papo do dia anterior, com Fred, e do que aprendeu sobre o Existencialismo. Ele não menciona, pois não quer ficar explicando para Roberta a história do amigo pedagogo. Ele limita-se a comentar:

- A senhora falou algo importante, o livre-arbítrio. Sempre achei importante multiplicar as atitudes que julgava mais corretas. Hoje, respeito mais a opinião das pessoas. Por mais que acreditemos nas nossas ideias, nem sempre são as melhores opções para os outros. É um crime desrespeitar a liberdade e o direito de escolha das pessoas.

A professora pensa um pouquinho sobre a fala de Leo e comenta:

- Interessante o que você disse. É fato que muitas vezes pensei assim. Porém, divulgar a sua opinião e exercer influência sobre os outros não significa desrespeitá-los, a não ser que eles não queiram a sua opinião. Se você acredita em algo, não há problema em divulgar, pois as pessoas vão aceitar se elas quiserem.

Os dois retornam à porta da sala dos professores. Antes de se despedir, Leo faz uma última pergunta:

- Até mesmo você, professora?

- Você quer dizer quando eu estiver no papel de educadora?

- Isso.

- Aí não. Nessa situação, penso que é diferente, pois tenho uma posição de referência e não posso sair me posicionando de forma irresponsável. Preciso criar condições para que o educando[109] possa avaliar as suas opções e escolher mais conscientemente.

Leonardo fica muito satisfeito e responde:

- Ta a**í,** fessora. Gostei.

- Que bom. Estamos de bem, novamente? – E estica o dedinho num gesto de "fazer as pazes".

- Sempre estivemos, professora – e corresponde com o seu dedo mínimo.

A conversa com Roberta foi importante, pois eles abordaram questões necessárias para o amadurecimento do garoto em relação à questão convencer *versus* respeitar. Agora, ele aplicará isso em sua conversa de "fazer as pazes" com Sid.

* * *

109 educando – que está sendo educado

CAPÍTULO 37

- Posso falar com você?

No final da manhã, ainda na sala, quando todos arrumavam seus materiais para irem embora, Leo procura o melhor amigo para "resolver" o último conflito. Sid consente, e os dois caminham lado a lado para a saída:

- Queria te pedir desculpas – Leo começa pelo óbvio.

- Pelo quê?

A resposta surpreende Leonardo. Para ele, estava claro que Sid havia ficado chateado.

- Pensei que estivesse bolado comigo. Mas para falar a verdade eu também não tinha entendido o porquê.

- E mesmo assim você me pede desculpas?

- Sabe aquela história que só sente quem "apanha"? Não percebi que "bati" em você, mas se ficou chateado deve ter tido motivos.

- Fico feliz por isso, pois você demonstra mais uma vez ser meu amigo e se preocupar comigo.

Leo agradece ao elogio. Sid explica-se:

- Não tenho motivos para ficar chateado com você. Por que ficaria? Porque você foi bem no teste e eu não?

Os amigos chegam ao pátio e procuram o lugar que estão acostumados para terminar a conversa.

- Mas se você estava bolado e brigou comigo. A conclusão era óbvia.

- Para falar a verdade, fiquei chateado com você sim. Mas não foi por causa da nota.

- Então, meu pedido de desculpas estava correto... hehehehe...

- Não sei.

- Como não sabe? Se eu errei, devo pedir desculpas. Ainda mais para você que é meu maior camarada.

- Não diria que você ERROU. Apenas foi você.

- Como??? Não entendi.

- Temos características que nem sempre agradam as pessoas. Você é meu irmão do jeito que é, mas nem sempre seu jeito me agrada. Às vezes, dá no saco, irrita. Isso não significa que deixei de ser seu amigo.

Leo estava feliz com o andamento do papo, até o último comentário de Sid. Agora, ele está incomodado com a explicação do amigo.

- E o que te incomoda na minha personalidade?

- Não sei se devemos falar sobre isso. Você quer realmente entrar neste assunto?

- Lógico que quero. Procuro sempre melhorar.

- E você vai mudar de personalidade só por causa da minha opinião? Seria certo isso?

Leo lembra-se do papo sobre resistir à massificação e ponderar sobre a opinião dos outros.

- Não sei. É fato que não podemos mudar sempre que recebemos um *feedback* negativo, mas é bom saber.

- Está bem... – Sid reluta[110] um pouco, mas resolve falar – Acho que muitas vezes você banca o sabichão, o cara que sabe sobre tudo, O formador de opinião. Eu estava irado com o meu desempenho no teste, poxa, estudei pra caramba e ficar irritado era normal...

- Sei... E onde eu entro na história?

- O que eu esperava do meu amigo? Que não ficasse dizendo como eu deveria me sentir, que apenas ficasse solidário. Mas você tem uma necessidade de dizer como as pessoas devem se sentir e o que elas devem fazer, ainda mais agora estudando Filosofia, está se sentindo um Semideus.

As palavras machucam Leonardo, que não responde. Sid demonstra que não é sua intenção magoar o amigo:

- Não quero te irritar, nem pedir que você mude ou algo assim. Como falei, te respeito e gosto de você do seu jeito. É que, às vezes, incomoda e eu preciso de um tempo, só isso. Eu nem queria falar sobre isso, para mim o assunto já tinha morrido.

Sem saber o que dizer, Leo agradece e pede um tempo:

- Valeu pela sinceridade, camarada. Preciso pensar no que você disse.

- Está bem.

Os amigos se cumprimentam, e Sid toma o caminho de casa. Já Leo senta-se por alguns minutos para organizar seus pensamentos.

* * *

Leonardo não se demora muito tempo organizando sua cabeça. Logo depois, levanta-se e também segue para a sua casa. Na porta da escola, Helena o esperava:

110 reluta – evita

- E aí, amor? Onde você estava?

O garoto conta para a namorada a conversa com Sid. Helena se preocupa:

- Tadinho... Está triste.

- Minha chateação durou menos de cinco minutos.

- Sério? Por quê?

- Não teria compreendido a ideia proposta por Fred, sobre respeitar as escolhas das pessoas, se permanecesse chateado com o Sid. Não posso tirar dele o direito de ficar chateado com o resultado do teste, e eu fiquei tentando dizer o que ele tinha que fazer. Agora, eu o entendo.

- Mas e o que ele te disse?

- Nada mais do que a opinião dele sobre mim. Eu pedi, e ele foi sincero. Não somos perfeitos. Temos características e manias que incomodam os outros.

- E aí?

- Aí devemos ponderar, pois não significa que devemos mudar devido à opinião dos outros, nem fazer o que quisermos de qualquer maneira. Vivemos bombardeados por modelos e padrões, são pessoas e instituições dizendo que devemos fazer. Precisamos encontrar um equilíbrio em que tudo se sustente, ou pelo menos funcione da melhor maneira.

- Que loucura!

- Conviver com as mais diversas personalidades e escolhas é o grande desafio de todos. Reconheço que sou mandão e tendo a dizer aos outros o que devem fazer. Também acho que a Filosofia amplificou esse processo. Estou me sentindo mais confiante e inteligente, logo, mais "dono da verdade". Preciso me policiar.

- Sei...Voltando ao papo anterior Senhor "dono da verdade", qual traço da minha personalidade te incomoda? – Helena brinca com o termo introduzido pelo namorado e faz uma pergunta meio cômica e meio séria.

- Como? – Leo finge que não entendeu.

- O que em mim você não gosta?

Leo aproveitou o tempo ganho para dar uma resposta campeã:

- Meu amor, nem se eu dominasse todo o conhecimento da humanidade conseguiria achar algo errado em você!

E ganhou um beijo apaixonado pela resposta mais conveniente possível.

* * *

CAPÍTULO 38

A fim de comemorar o fim da semana de provas, os quatro amigos marcaram um cineminha, no sábado à tarde. Todos preferiam domingo, quando a programação na televisão é pior, mas Leo convenceu a todos sinalizando que domingo haveria jogo do Fluminense, programa imperdível para ele.

Leo e Helena chegam juntos ao ponto marcado, onde já estão presentes Sid e Teresa. Helena pergunta:

- Tete, cadê o Juan?

- Ah! Estou um pouco cansada das chatices dele.

- Vocês terminaram? – Leo pergunta assustado.

- Não. Só preferi vir sozinha hoje. Sem estresse, galera.

Todos entendem e mudam de assunto. Enquanto caminham para o cinema, debatem sobre a película[111] que assistirão. Teresa opina:

- Gente, eu quero assistir um daqueles filmes bem "americanos", bem de ação, bem fácil de entender, hoje, ok?

- Poxa, Tete, logo hoje que eu iria sugerir um documentário supercabeça! – Sid brinca com a amiga.

- Não mesmo! – Teresa não aceita a sugestão do amigo.

- Eu topo o filme americano-de-ação-fácil-de-entender. Ainda mais porque meu namorado também ficará bem satisfeito – fala Helena.

- E quem disse que eu não gostaria de ver um documentário? – Leo pergunta com alguma indignação.

- É mesmo. Helena, não se esqueça que o Leo está mudado, depois das aulas de Filosofia – Sid lembra.

- Iiiihhhh!!! Foi mal, amor, pela minha visão paradigmática ultrapassada – Helena brinca.

- Está bem. Eu te perdoo. É verdade também que estou diferente, depois das lições de Filosofia. E uma das coisas que aprendi foi ter opinião própria e administrar a influência externa. Portanto, eu digo: não estou nem um pouco a fim de assistir um documentário hoje!

- HAHAHAHAHA – gargalhada geral.

---

111 película – filme

Os amigos chegam à porta do cinema, escolhem um *blockbuster*[112] de aventura e se divertem muito.

* * *

Depois do filme, os amigos concordam em comer a tradicional pizza. Sentados no restaurante, eles decidem pelo sabor, na verdade sabores:

- Vamos aproveitar que a natureba da Tati não veio para pedir uma pizza de calabresa? – Sid convida.

- Vamos sim. O Juan está também nessa *vibe* vegetariana. Não quero bancar a alienada e tenho sofrido em nossos lanches – Teresa comenta e todos riem. Leo comenta:

- Pensei que você curtisse também, Tete.

- Ah! Sabe como é. Todo mundo fala que é maneiro ser vegetariano e você acaba seguindo, pois não quer ficar *out* da parada. Vou aproveitar hoje que ele não está aqui, pois me amarro em uma carne de porco.

Mais risadas. Sid fala:

- Então, vamos pedir uma pizza de calabresa com catupiry para nós, ok. Tete?

- Perfeito – a garota concorda.

- E vocês? – Sid pergunta para Leo e Helena.

- Queremos uma de tomate seco com rúcula – Leo sentencia.

- Rúcula??? – Teresa não acredita.

- Algum problema? – Helena pergunta.

- Todos. Fala sério. Vocês estão entre amigos. Não precisam fingir.

Leo e Helena se olham. A menina responde em tom de reprovação:

- Não estamos fingindo.

- Diferentemente de você, Tete, temos personalidade e fazemos escolhas com consciência. Evitamos carne por escolha própria – Leo completa.

- Assim vou me sentir obrigada a comer rúcula – Teresa reclama.

- Não fale isso, Tete. Como você falou, estamos entre amigos – Helena responde.

- Mas vocês vão ficar me julgando.

- Não mesmo. Devemos exercer nosso livre-arbítrio e respeitar o dos outros, desde que não nos prejudique. Não vamos julgá-la pelo pedido de sua pizza e nem nos sentirmos superiores por não comermos carne – Leo explica.

Teresa está mais calma e acredita nos amigos.

112 blockbuster – obra de sucesso

- Tudo bem. Então, vou comer a pizza de calabresa e catupiry com o Sid.

- A escolha é sua. Continuamos seus amigos – Helena sintetiza.

Enquanto chamam o garçom e pedem as pizzas, Leo tem um *insight*. Apesar de correr o risco de ser chamado de sabichão, por Sid, resolve se expressar:

- Tete, você quer um conselho?

- Sim. Pode falar.

- Fiquei preocupado com tudo o que você disse. Acredito ser muito importante desenvolver nossa personalidade, reconhecer nossos sentimentos e intenções e construir uma capacidade de fazer escolhas. Hoje, você não come carne perto do seu namorado, por medo do que ele pensará de você. É uma situação boba, mas o que poderá acontecer amanhã? E se for uma situação envolvendo drogas? E se você ficar sem graça de dizer não? Muitos são introduzidos ao vício ou a hábitos maléficos[113] por motivos como esse, ou seja, por pretenderem se sentir parte de um grupo.

Leo manda muito bem. Helena complementa e faz um elogio à amiga.

- Tê, desculpe o que eu vou dizer. Fico até surpresa por vê-la assim, pois você sempre teve uma personalidade muito forte. E, agora, está tão suscetível à opinião dos outros...

Sid não faz nenhum comentário, mas concorda com os olhos.

Depois de um tempo em silêncio, a menina se posiciona:

- Vocês têm razão. Acho que é a adolescência. Temos uma necessidade de sermos aceitos que abrimos mãos de nossos valores e desejos. Ainda bem que posso contar com amigos verdadeiros como vocês.

- Espero que não tenha visto nossas observações como julgamentos – Leo comenta.

- Julgamento foi... Mas foi útil, muito útil – Teresa avalia.

- E nem estamos dizendo que o Juan é culpado. Nem que ele vai te encaminhar para as drogas... hehehehe – Helena fala sério, depois ironiza.

- Com certeza. A culpa não é dele. É minha. Eu que quero parecer algo que não sou.

Instala-se um climinha superbacana de amizade na mesa. Em seguida, uma última coisa: para Leo a opinião de Sid era importante e ele pergunta:

- E aí, camarada, não vai dizer que eu sou um sabichão?

- Hoje não. Estou de boa. Além disso, você já sabe.

Como é bom saber conviver com os defeitos de cada um.

---

113 maléficos - maldosos

PARA PENSAR...

1) Como impedir que a Ética torne-se uma "ditadura do comportamento"?
2) Segundo Fred, depois que Leo soube de sua partida, ele ficou mais preparado para compreender o comportamento de Sid. Você concorda?
3) Por que temos dificuldade de aceitar certos comportamentos autênticos das pessoas, como inveja e raiva?
4) Você concorda que os jovens precisam estar qualificados para exercerem melhor o seu livre-arbítrio? Como a Filosofia pode ajudar nesse sentido?
5) Sid perguntou para Leo: "E você vai mudar de personalidade só por causa da minha opinião?". Qual a relação entre sofrer influências externas e nosso livre-arbítrio?
6) Você concorda com Leo que devemos encontrar um equilíbrio em relação à influência das pessoas em nossas vidas, ou seja, não mudarmos por qualquer *feedback* nem ignorar todos completamente?
7) Você concorda com Leonardo que pode ser perigoso não desenvolvermos nossa personalidade para exercermos nosso livre-arbítrio.

* * *

Aplique o que você aprendeu

CAPÍTULO 39

Leo e Helena chegam à casa de Fred, para sua festa de despedida. Apesar de triste pela partida do amigo, o garoto não poderia deixar de prestigiar o pedagogo. O casal toca a campainha, e Beth abre a porta:

- Olá, jovens. Sejam bem-vindos.

Os dois retribuem o cumprimento com educação e entram na festinha.

- Fiquem à vontade – Beth complementa a polida[114] recepção indicando onde eles poderiam encontrar comidas e bebidas.

O jovem casal caminha pela sala, vai até a varanda e sente-se um pouco deslocados, já que não conhecem ninguém, além deles mesmos, e os anfitriões.

- Vamos comer alguma coisa. Estou faminta – Helena convida.

- Vamos sim.

Os dois retornam para a sala e caminham até a mesa de frios, onde encontram canapés e queijos.

- Caramba! Só comida fina! – Leonardo elogia.

- É mesmo. Tem uns queijos que eu nunca tinha visto – Helena concorda.

- Mais do que merecido. Afinal, a festa é para o Fred. Nunca conheci um cara tão bacana quanto ele.

- Você tem razão. Se não fosse por ele, talvez não estivéssemos mais juntos. Sem a ajuda dele, não sei como você teria reagido ao me ver almoçando com o João Felipe.

Leo tenta recordar da situação e repara em algo interessante:

- Eu não teria nenhuma reação.

- Ué! Por quê?

- Porque eu não teria visto você. Eu a encontrei almoçando com o "caipira", quando fui encontrar com o Fred, para almoçar também. Quer dizer, se ele não existisse, eu não teria visto vocês dois juntos.

- É mesmo. Que loucura! – Helena concorda.

- Mas se não fosse ele, talvez eu não soubesse lidar com minha insegurança em relação ao nosso relacionamento. Tudo começou com os ciúmes que tive de

---

114 polida – educada

vocês dois. Essa insegurança me motivou a procurá-lo para entender mais sobre as "coisas do mundo".

- Acabou que você não aprendeu NADA sobre isso.

- HAHAHAHA... - os dois riem.

- É verdade, mas aprendi muito mais. Aprendi a aprender sobre as "coisas do mundo".

- Bonito discurso. Curti – e faz um gesto com o polegar para cima, copiando a imagem típica do Facebook.

Os dois continuam a comer e sem encontrar Fred, provavelmente, perdido no meio de tantos convidados. Para combater o marasmo[115], Helena propõe um jogo:

- Vamos brincar de "o que mais..."?

- Como é essa brincadeira?

- Já que hoje você está se despedindo do Fred e, de certa forma, finalizando um ciclo na sua vida, poderíamos fazer uma espécie de resumo de tudo o que você aprendeu.

- Eu topo. Não conhecemos ninguém aqui mesmo. Precisamos criar uma maneira de nos distrair.

- Quem começa? – A garota pergunta.

- Pode começar.

- Está bem...

Helena pensa um pouco e manda a primeira questão:

- O que mais você gostou de aprender?

- Gostei de tudo. E o mais maneiro foi o Empirismo. Incrível você pensar que vivenciar algo é bem diferente de imaginar ou teorizar. Se eu não tivesse experimentado ver você almoçando com o João Felipe, não teria aprendido realmente a administrar essas emoções e a resolver o problema. A prática é fundamental.

- De acordo.

- E você? O que mais gostou nesse tempo todo?

- Achei o jantar na sua casa um momento transformador para mim. Pude assistir o testemunho do Fred e da Beth sobre como eles fazem para tomar decisões em conjunto e o quanto a discordância é importante também em um relacionamento. Confesso que eu ficava com muito medo, quando imaginava como resolveríamos uma situação em que tivéssemos opiniões divergentes. Não sabia se conseguiríamos resolver. Depois da explanação dos dois fiquei mais tranquila.

- Eu também tinha esse receio.

---

115 marasmo – tédio

- Outro tópico: o que você achou mais difícil?

- Ponderar sobre a influência dos outros. Ainda fico bolado quando penso que posso estar sendo uma ovelha seguindo pastores, sem ter consciência do que estou fazendo realmente, sendo enganado com mentiras etc. Tenho medo de estar em uma espécie de *Matrix*.

- Lembro que você discutiu com a professora por causa disso.

Leo também recorda de como passou a ficar questionador do processo educativo. Helena relembra algo bem humorada:

E quando perguntei sobre a educação que daríamos a nossos filhos?

- Hahahaha... Você ficou preocupada.

- E você não?

- Eu também. Confesso que ainda não sei como farei para não "robotizar" nossos filhos.

Helena concorda com a cabeça e faz mais uma pergunta:

- E o que você achou mais louco?

- Com certeza o papo sobre imprevisibilidade.

- Fato! Totalmente insano você pensar no efeito borboleta.

- Imagina só. Escolhemos estar aqui lanchando agora, poderíamos estar na varanda ou nem ter vindo. E essa simples escolha está alterando as nossas vidas...

- E de todos aqui presentes... – Helena completava, quando foi interrompida.

- Inclusive a minha. – Fred chega de supetão[116].

- Fala aí, meu amigo – Leo cumprimenta o pedagogo, seguido de Helena.

- Está tudo bem? Pelo visto não estão passando fome – Fred observa que o casal está se alimentando. Helena aproveita para elogiar:

- Está tudo uma delícia. Parabéns!

- Se gostaram mesmo, podem elogiar a Beth, que preparou isso tudo, com muito amor.

- Falarei com ela, pode ter certeza – Helena garante.

- E aí, Fred, quando você vai partir? – Leo pergunta.

- Depois de amanhã.

- Já??? – O garoto se surpreende.

- Sim. E, na segunda, eu já terei uma reunião de planejamento.

- Você vai trabalhar com o quê? Desculpe eu perguntar – Leo fica com receio de ser intrometido.

---

116 supetão – de repente

- Sem problemas. Você é meu amigo, não tenho por que esconder. E, digo mais, foi também fonte de inspiração.

Leo fica encabulado. Fred explica seu projeto:

- Articulei um projeto pedagógico voltado para desenvolver o comportamento dos alunos. A escola tradicional foca muito em conteúdo, mas pouco em atitudes. Construí um sistema que ajuda o educando a desenvolver uma série de atitudes, que considero essenciais para uma vida saudável na sociedade contemporânea.

- Mas isso não é manipulação, Fred? Você estará dizendo o que é importante e o que não é. Estará moldando os alunos.

- Sim, você tem razão. Entretanto, nós educadores temos escolhas a fazer. Posso ignorar qualquer ação educativa e permitir que os alunos sigam como eles bem quiserem ou orientar de acordo com a minha visão de mundo. Não tenho outra opção. E aí? Peco pela escassez ou pelo excesso.

- Eu prefiro pecar pelo excesso.

- Eu também. E lembre que não fazer nada também é uma escolha. Para compensar eu procuro uma linha pedagógica o mais dialógica[117] possível.

- Ok. Fale mais um pouco sobre o projeto. Você está falando de Ética? – Leo pergunta.

- Não só Ética, mas também a ter disciplina, equilíbrio, a cooperar, a se comunicar, ...

- E a filosofar... – Leo completa.

- E a filosofar também. Por que não?

- Que máximo, Fred! Parabéns! – Helena elogia. – Você poderia realizar esse projeto lá na escola.

- É, quem sabe um dia. Obrigado pelos elogios. Devo agradecer a você, Leo. Pois nosso trabalho sobre Ética foi um piloto disso tudo. E saiba que, durante este ano que trabalhamos atitudes filosóficas, eu aproveitei cada bate-papo nosso para escrever a parte de filosofia do projeto, isto é, as lições filosóficas que julgo importantes na formação escolar.

- Então, receberei *royalties*? Hahahahaha... Estou parecendo o meu pai.

Todos riem. Fred não acha a proposta tão louca assim:

- *Royalties* eu acho que não. Mas acredito que eu possa convidá-lo para dar umas palestras. Você é o exemplo vivo do sucesso do projeto, de quanto é importante trabalhar o comportamento dos educandos. Seu testemunho é riquíssimo. E aí, interessa?

---

117 dialógica – com conversa, debate

- Na Espanha???

- Com direito a conhecer várias cidades europeias. A fundação que está me contratando irá disseminar o projeto em vários países diferentes. A Espanha é só a sede. E agora? Está feliz pela minha partida?

- Uau! – A perspectiva apresentada por Fred parece um sonho para Leonardo. – Estou hipermegaultrafeliz!!! Você entende, né?

- Hahahaha... É lógico. Fique tranquilo.

- Epa! Quem não está feliz agora sou eu – Helena sinaliza que também tem interesses pessoais na conversa. – Não quero você "desfilando" por um país gringo longe de mim.

- Ué, Lena! Não era você que tinha criticado a atitude do Sid?

- Era sim. Mas agora isso é passado. No momento, consigo compreendê-lo totalmente...

- HAHAHAHA... – todos riem.

O sucesso já subiu à cabeça de Leonardo.

- Acho que eu posso exigir acompanhante, não é, Fred? – E dá uma piscadinha para a namorada.

- Devagar, Leozinho. Sem pressa e sem parar. – Fred corrige a empolgação do garoto.

- Está bem – Leo concorda.

- Vamos falar de vocês, agora. Do que falavam, quando cheguei?

- Acho que aprendi muito mais que eu esperava, quando começamos nosso "curso" de Filosofia.

- Você acha isso mesmo? Ficou satisfeito com a jornada que realizamos?

- Mais que satisfeito.

- Que bom. Vamos ver o que você aprendeu. Momento professor: defina para mim **o que é Filosofia?**

Leonardo foi pego de surpresa. Apesar de tudo que aprendeu sobre livre-arbítrio, ele não quer decepcionar seu mestre nem sua namorada, portanto resolve responder com cuidado.

- Vou te responder, Fred. Para os meus amigos, nem eu diria que:

Praticar a Filosofia é uma forma de você evitar
o "todo mundo fala...", o "não consigo imaginar outra resposta...",
o "é óbvio que a resposta é esta...", o "você deve fazer isto..."

entre outros pensamentos, que atrasam nossas vidas.

- Excelente. Ótima resposta. Muito didática.

- Agora, se você me chamar para palestrar, eu responderia o seguinte:

**É a arte de aprimorar o raciocínio,
desenvolvendo saberes para alcançar respostas
cada vez melhores para as questões apresentadas.**

Fred demonstra sua aprovação de forma hilária:

- Acho que podemos pensar em uma acompanhante para as suas palestras...

Todos riem. Fred pede licença:

- Queridos, darei atenção a outros amigos. Tenham certeza de que estou muito feliz que vocês estão aqui.

Leo tem mais uma pergunta.

- Fred?

- Uma última dúvida de seu pupilo[118].

- Pode falar.

- Para aonde devo caminhar agora? Sei que não estudamos tudo sobre Filosofia, e pretendo continuar essa jornada.

- Com certeza. Ainda tem muita coisa maneira para estudar.

- Refiro-me a outras áreas. Você falou que seu projeto pedagógico tem várias disciplinas, conteúdos diferentes. Qual você me indica?

- Hummm... Boa pergunta, meu pupilo... – Fred aceita a brincadeira, depois responde sério. - A vida é um eterno aprendizado, basta estar atento. Você está me pedindo uma sugestão e não vou negar. Acredito que a maior dificuldade que as pessoas têm é de conseguir se comunicar de forma eficaz. Se você conseguir desenvolver empatia pelo próximo, aprender a reconhecer seus sentimentos e a verbalizar com clareza, tenho certeza que tornará a vida mais fácil para você e para as pessoas mais próximas.

- Interessante sua sugestão, pois minha sogra citou a **Comunicação não- violenta**.

- É mesmo. Minha mãe adora isso – Helena confirma.

- Nosssaaa!!! Que coincidência. Saibam que essa é uma das disciplinas do meu programa. Já que possuem uma facilitadora por perto, sugiro que caiam dentro. Garanto que será um aprendizado muito rico.

- Valeu mais uma vez, meu amigo – Leo agradece novamente.

---

118 pupilo - discípulo

- De nada. Não é uma despedida, mas um até logo.

Eles se abraçam pela última vez. Pois, no momento de ir embora, Leo preferiu uma despedida breve, para ficar menos melancólico[119] e manter uma última imagem alegre dos dois juntos. Helena respeitou a vontade do namorado e fez o mesmo.

No elevador, enquanto desciam, os dois permanecem calados, até Helena romper o silêncio:

- E aí, meu amor? Como você está?

- Sinceramente... Estou feliz pelo sucesso dele, que é mais do que justo. E confiante de que vencerei as próximas jornadas que virão, pois ainda serão muitas.

- É isso aí... Sempre buscando sair da caverna!

* * *

---

119 melancólico – triste

A Academia de Leonardo
Lições sobre Ética

Autores: Fabio Benites
Bruno Perrone
Mizael Silva

200 páginas
1ª edição - 2012
Formato: 16 x 23
ISBN: 978-85-399-0222-4

Qual a importância da reflexão ética na formação dos jovens?
Esta obra foi produzida com o objetivo de realizar uma contribuição para uma educação pautada em valores sólidos como virtude, amizade, empatia, autonomia e iniciativa. Em oposição a uma metodologia bancária, de depósitos de informações, a história valoriza e concretiza um processo ensino-aprendizagem dialético e em mão dupla.
Leonardo, um jovem de comportamento inconstante e com dificuldade de compreensão de normas sociais, trilha uma jornada de descobertas e desenvolve reflexões transformadoras. O contato com conceitos éticos modifica a vida desse jovem para sempre, assim como ajudará a transformar a sua.

À venda nas melhores livrarias.

EDITORA CIÊNCIA MODERNA

Impressão e Acabamento
Gráfica Editora Ciência Moderna Ltda.
Tel.: (21) 2201-6662